[美]琳达·诺克林 著
李建群 译

为什么没有伟大的女艺术家?

广西师范大学出版社
·桂林·

为什么没有伟大的女艺术家？
WEISHENME MEIYOU WEIDA DE NVYISHUJIA?

| 出版统筹：冯 波 | 营销编辑：李迪斐 | 责任技编：王增元 |
| 责任编辑：张维维 | 陈 芳 | 书籍制作：广大图文 |

Published by arrangement with Thames & Hudson Ltd, London.

Why Have There Been No Great Women Artists? 50th anniversary edition © 2021 Thames & Hudson Ltd,London
Essays © 2015 Linda Nochlin
Epigraph © 2021 Judy Chicago
Introduction by Catherine Grant

This edition first published in China in 2023 by Guangxi Normal University Press Group Co., Ltd, Guangxi
Simplified Chinese Edition © 2023 Guangxi Normal University Press Group Co., Ltd, Guangxi
著作权合同登记号桂图登字：20-2022-228 号

图书在版编目（CIP）数据

为什么没有伟大的女艺术家？ /（美）琳达·诺克林著；李建群译. —桂林：广西师范大学出版社，2023.2
书名原文：Why Have There Been No Great Women Artists?
ISBN 978-7-5598-5556-5

Ⅰ.①为… Ⅱ.①琳… ②李… Ⅲ.①女性－艺术家－人物研究－世界 Ⅳ.①K815.7

中国版本图书馆 CIP 数据核字（2022）第 230735 号

广西师范大学出版社出版发行
　广西桂林市五里店路 9 号　　邮政编码：541004
　网址：http://www.bbtpress.com
出版人：黄轩庄
全国新华书店经销
广西广大印务有限责任公司印刷
　桂林市临桂区秧塘工业园西城大道北侧广西师范大学出版社
　集团有限公司创意产业园内　邮政编码：541199
开本：787 mm × 1 092 mm　1/32
印张：4　　字数：93 千
2023 年 2 月第 1 版　　2023 年 2 月第 1 次印刷
定价：39.00 元

如发现印装质量问题，影响阅读，请与出版社发行部门联系调换。

很少有艺术史家的单本出版物可以改变世界，但是，琳达·诺克林发表于1971年的文章《为什么没有伟大的女艺术家？》(*Why have There Been No Great Women Artists?*)的确做到了。当时，我在一项自我主导的研究［其成果是作品《晚宴》(*The Dinner Party*)］中就已经发现，艺术史关于历史上缺乏伟大的女艺术家的结论是错误的。但是，对这个职业来说，这就是一个启示，它造就了一代又一代的女性主义艺术史学家（包括男性和女性），他们开始发掘历史，并在这方面发起了一场革命。这场革命至今仍然在进行。

朱迪·芝加哥（Judy Chicago）

封面图：玛丽－丹尼斯·威勒斯，玛丽·约瑟芬·夏洛特·杜瓦德·奥格尼斯（局部），1801，布面油画，161.3厘米×128.6厘米

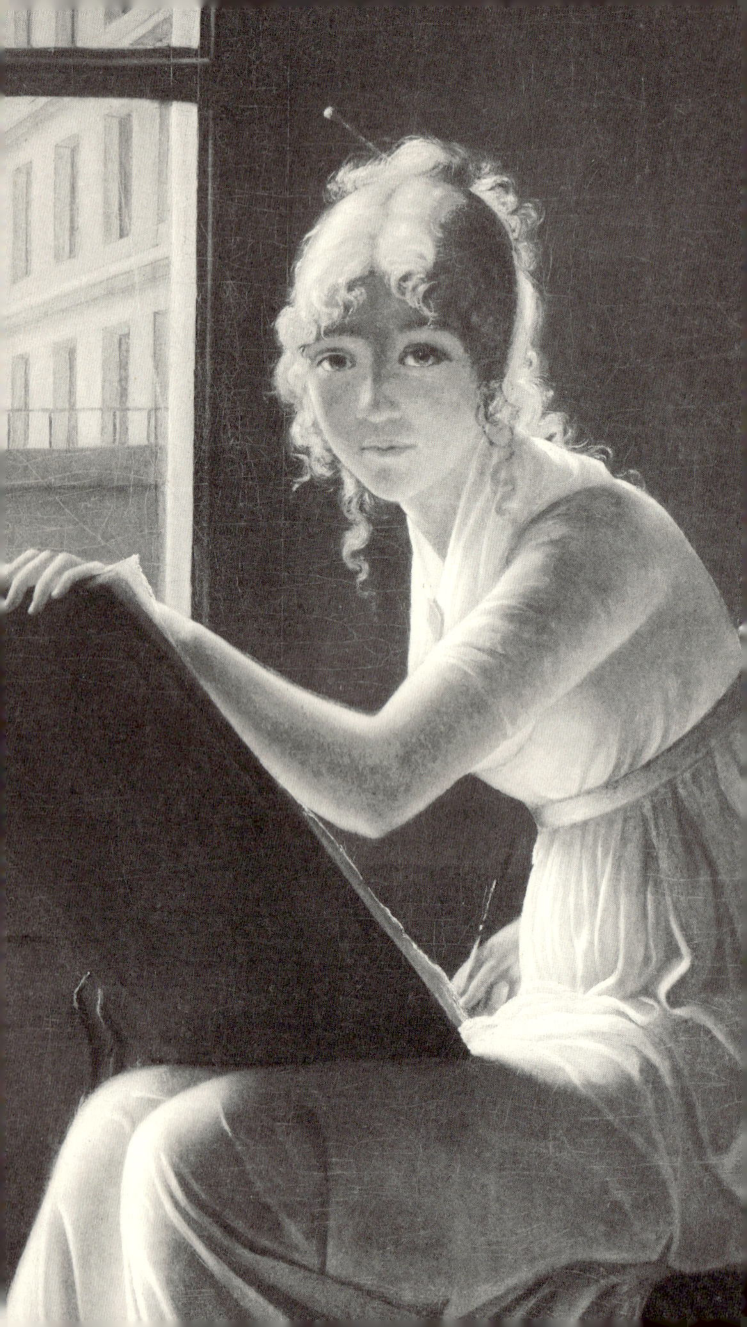

目录

序言 凯瑟琳·格兰特   001

为什么没有伟大的女艺术家？   015

"为什么没有伟大的女艺术家？"30年以后   088

注释   117
延伸阅读   120
图版说明   122

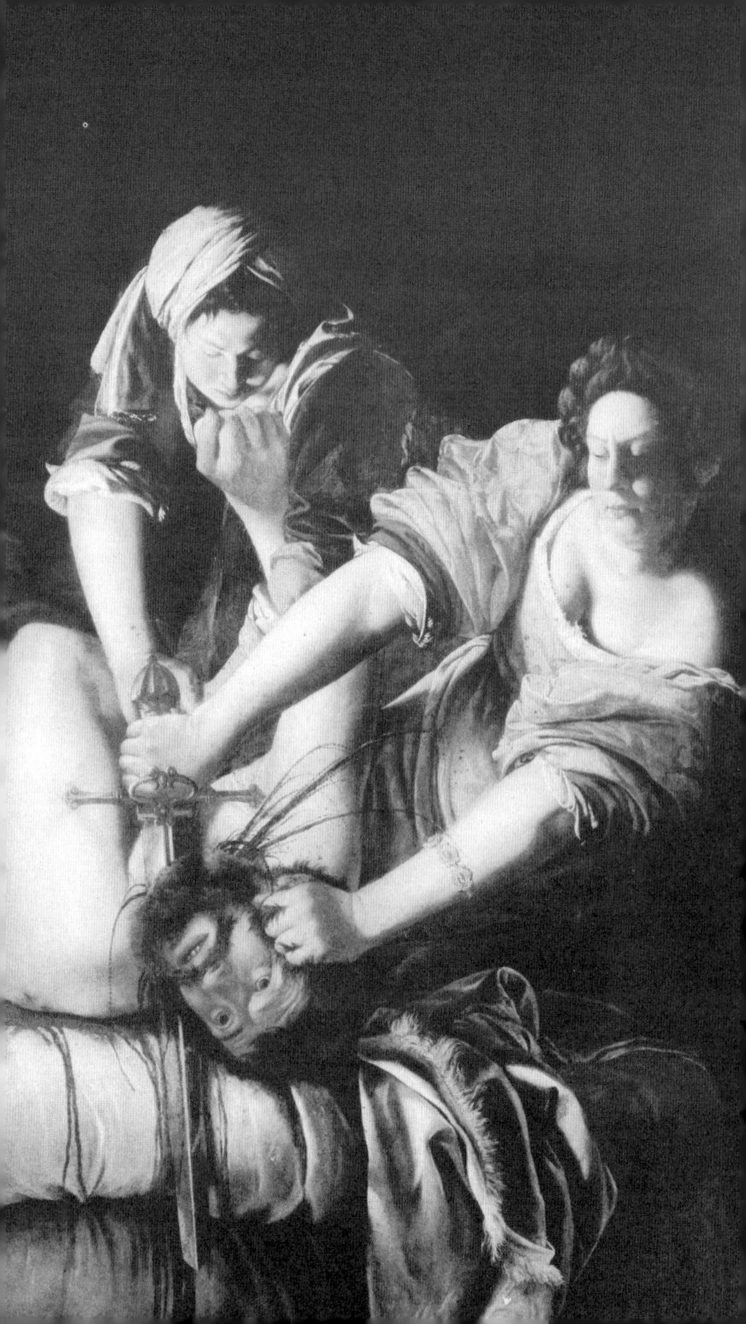

序言

凯瑟琳·格兰特

琳达·诺克林最初发表于1971年的论文《为什么没有伟大的女艺术家》为女性主义艺术史奠定了基础。她深刻地批评了认为"伟大"是一种与生俱来的品质的观点,并探索了女性艺术家是如何成功地抵抗体制的排斥和社会不平等的,这种观点到今天仍然至关重要。正如许多评论家所探讨的那样,"女艺术家"一词与"伟大的艺术家"一词一样,都是一种历史建构。[1]对女艺术家的关注使我们对艺术史的意识形态进行更广泛的批评成为可能。在诺克林写作的时代,这种批评常常掩盖了赋予伟大、天才和成功的基础。正如诺克林所指出的,在大多数学科中那些所谓的学者中立地位实际上是"被视为天经地义的白人男性立场"[2]。

接着，她详细地分析了那些"'不幸'没有生为白人，尤其是中产阶级，更重要的是——男性——的艺术家"[3]。她的结论和对于进一步探索的提议到今天仍然是有启迪意义的。

在该文发表后的50年中，诺克林的论文成为女性主义作者、艺术家和策展人的试金石。许多艺术和艺术史本科课程仍然将其作为讨论结构性不平等和种种臆想的切入点，这些臆想在探讨创造力和伟大等话题时仍然无处不在。"为什么没有伟大的女艺术家？"这个标题已经渗透到流行文化中，在2017年迪奥的一场时装秀中，它被印在T恤上，同时这篇论文被制成装订精美的印刷品分发给观众。现在，已经有许多女艺术家被认为是"伟大的"了，那我们还有必要深入讨论诺克林的文章吗？在这篇序言中，我将论证诺克林的批判性分析揭示了艺术和艺术史中仍然难以撼动的臆断。我将总结她文章的重要观点，并结合本书第二篇收录的其发表于2001年的文章，将它们放置在诺克林自己对这项基础性工作的看法的语境中进行讨论，最后，以思索今日女性主义艺术史还需要什么作为结尾。

诺克林1971年论文的一大关键点在于她如何回答"为什么没有伟大的女艺术家?"这个问题。论文的最初版本,作为《艺术新闻》(*ARTnews*)杂志"女性解放、女性艺术家和艺术史"特刊的一部分发表,其开场白是这样的:"妇女解放运动对艺术史和当代艺术界的影响——或者说,愚蠢的问题应该得到冗长的回答。"[4]这句话并没有出现在再版中,但它指出了诺克林论点中的一个关键:这个标题是一个"愚蠢的问题"。在文章中,她警示说,不要只看到这个问题的表面,而是要质疑它的假设。这就引出了她的中心论点,即创造力是通过制度和教育来支持和培养的,而不是天赋或才能等难以解释的来源。为了阐明她的观点,她要求读者从另一类人——贵族阶层的角度重新考虑这个问题。她认为:像妇女一样,贵族在历史上也没有产生伟大的艺术家,因为他们社会地位的相应要求和期望使得"全身心投入专业的艺术生产成为妄想"[5]。她认为,"艺术生产,无论是艺术创作者的发展,还是艺术品本身的属性和性质都有其特定的社会环境",其中包括"艺术学院、赞助系统、神圣造物主的神话、作为健壮男性或社会放逐者的艺术家"[6]在内的一系列特定机构和期望。那么,对于妇女来说,她写道(这是文章中被引用较多的部分之一):

> 问题不在于我们的星座、我们的荷尔蒙、我们的月经周期或我们内心的空虚,而是在于我们的体制和我们的教育——包括从我们来到这个充满象征、符号和信号意义的世界那一刻起发生在我们身上的一切。[7]

在推翻了支撑"伟大"概念的模糊基础之后(包括对从文艺复兴到19世纪末,女性如何被排除在裸体绘画这一艺术家基本技能之外的详细探究),诺克林又继续探索了女艺术家是如何获得成功的。她以19世纪画家罗莎·博纳尔(Rosa Bonheur)作为研究个案,将博纳尔的父亲描述成一位"穷困的绘画大师"。和许多男人一样[诺克林以毕加索(Pablo Picasso)为例],有一个艺术家父亲可以让他的创造力得到发挥,而这种创造力后来往往被归结为一种神秘的概念——"天赋"。

她没有详细探究罗莎·博纳尔的伴侣——艺术家娜塔莉·米卡斯（Nathalie Micas）。诺克林断言，她们的关系很有可能是柏拉图式的，而现在人们普遍认为这两个女人就像夫妻一样生活在一起。这里，博纳尔有一个"艺术家妻子"或"艺术家姐姐"，还有一个"艺术家父亲"，说明她有了一个至少两人的原始酷儿女性主义团体。通过描绘博纳尔的生活、"男性化"的衣着以及社会关系，诺克林间接地指出了随之而形成的女同性恋和酷儿女性主义思想的社会环境、性关系以及持续下去的非常规的亲属关系结构，同时还有她特有的——男性的支持，尤其是她的艺术家父亲，在她对抗父权制时成为她至关重要的后盾。

在讨论像博纳尔这样成功的女艺术家时，诺克林承认她们或许不可能比肩米开朗琪罗·博那罗蒂（Michelangelo Buonarroti）或毕加索这样的艺术巨星，不过尽管如此，从13世纪的雕塑家萨比娜·冯·斯登巴赫（Sabina von Steinbach）到20世纪的艺术家包括凯瑟·珂勒惠支（Käthe Kollwitz）和芭芭拉·赫普沃斯（Barbara Hepworth），她们在几个世纪中为自己争取到了一席之地。在她后来的文章以及随后关于她文章的评论中，这种关于西方男性超级艺术明星的概念本身就被认为是二战后那个时期特有的。罗兹卡·帕克（Rozsika Parker）和格里塞尔达·波洛克（Griselda Pollock）的重要作品，出版于1981年的《古代女大师：女性、艺术与意识形态》（*Old Mistresses: Women, Art and Ideology*）进一步指出：女艺术家一直存在于写作与展览中，直到20世纪现代主义兴起之后，她们就从艺术史上消失了。正如波洛克所说，20世纪70年代的女性主义艺术史家不得不成为"考古学家"，以消除"艺术史学科自身的结构性性别歧视"。[8]

在诺克林随后的文章，以及1976年与安·萨瑟兰·哈里斯（Ann Sutherland Harris）合作策展的展览"女性艺术家：1550—1950"里，她为重新构想艺术史的宏大计划做出了贡献，这个艺术史不排挤或轻视女艺术家的作品。在首次发表的《为什么没有伟大的女艺术家？》中，正文部分穿插了许多插图，涵盖了从10世纪的修女合作的中世纪抄本插图到阿格尼斯·马丁（Agnes Martin）和路易斯·布尔茹瓦（Louis Bourgeois）

的当代艺术作品。阿特米西亚·真蒂莱斯基(Artemesia Gentileschi)的《朱迪斯斩首荷洛芬尼斯》(*Judith Beheading Holofernes*)的绘画被印制成整版放在这篇论文标题页的对页上,并以说明文字大胆断言,称这幅画可以作为"女性解放之旗帜"。尽管这些说明文字并不一定出身诺克林的手笔,它们与她的写作都呈现出一种对话的轻快,又讨论深刻、严肃的观点。这些作为插图的女艺术家的作品展示了那些被排斥在艺术史之外的丰富习作,强调了它们的重要性,同时还紧扣中心论点,驳斥了传统艺术史评判的意识形态基础。诺克林论文中的复杂互动有时被误解为是在呼吁创造一个关于伟大女艺术家的典范。事实并非如此,不过她的论文确实为她的(女性)读者提供了想象的工具,去设想成为一个成功的艺术家或展开有关女性的写作意味着什么。

30年后的2001年,诺克林探索了20世纪70年代女性主义艺术史应该如何建构:"必须寻找新的材料,建成并落实理论基础,逐步发展方法论。"[9]在她的论文《〈为什么没有伟大的女艺术家?〉30年以后》中,她指出:"女性主义艺术史的存在就是为了制造麻烦、提出质疑、挑战父权体系。"[10]这里的"制造麻烦"就是1971年这篇文章中对"天才"与"伟大"概念进行的深刻剖析,同时把这个问题与当代妇女解放运动的大背景联系起来。甚至在更早的时候,诺克林就考虑到了(妇女)被边缘化,或者被"他者化"的重大风险,以及这样的思考可能会给激进的学术界带来的影响。在她另一篇精辟的、经常被引用的文章中,她说:"我认为,没有什么会比自我与历史的交集更有趣、更深刻和更难以把握的了。"[11]在一篇关于她思想的形成,包括她参与妇女解放运动的经历的文章中,她描述了她如何逐渐在她的艺术史研究中拒绝单一的方法,以及她如何逐渐发展出一种"特殊方法论",这种方法吸取了个人经验、政治理论、社会史以及传统的艺术史方法如图像学。[12]为了描述这种"自我与历史的交集",她叙述了1948年在英国的旅行,那年她17岁,在那里,她首次体会到自己是一个"来自布鲁克林的犹太人"[13]。这种在主流文化结构中被边缘化的感觉,使她开始质疑"白人男性为尊的地位被视为天经地义",这让琳达·诺克林对于身份及其表征产生了终生的兴趣。在她极为丰富的职业生涯中,除了她著名的性别关注,她还研究了许多主题,包括犹太人的身份表征、老龄化、"东方主义"、母性、色情和阶级关系。

在诺克林的作品中,不难发现这些主题指向了她的女性主义研究这一交集点,因此在她著名的论文发表50周年之后,我们认识到这些主题是非常必要的。20世纪70年代早期以来,围绕种族、阶级、民族和性别的讨论仍然是一个急需更多从女性主义政治及艺术史视角出发进行研究的领域。诺克林1971年的论文标题经常被化用,比如爱丽莎·斯登伯克(Eliza Steinbock)在最近一篇文章中提问道:"为什么没有伟大的跨性别艺术家?"[14]在20世纪70年代,像诺克林、波洛克和其他女性主义艺术史研究先锋都讲述了他们曾进入画廊和博物馆的库房寻找女艺术家作品的经历,而这些作品已经有几十年没有被展出过了。这与近年来发掘有色人种艺术家作品的研究同时进行,比如由"黑人艺术家和现代主义"项目创立的数据库,通过一次对英国"公共收藏中的黑人艺术家作品"进行审计[15]

展开。最近统计的女性主义艺术史出版物显示一系列全球化和跨国的视野,但这项研究还远未建成。不过,一个由女性主义艺术史学家和艺术家组成的强有力的团体已经出现,他们正以始于20世纪70年代的艺术史批评遗产为基础,进一步展开研究。

我想以对这个女性主义团体的关注来结束话题。此书中重新出版的两篇诺克林论文都强调了这些团体的重要性——她的写作正是脱胎于这些团体。此外,在《一个特别的艺术史家的回忆录》(*Memoirs of an Ad Hoc Art Historian*)中,诺克林仔细回忆了1969年她在瓦萨学院教的第一节关于女性与艺术的研讨课,这节研讨课为她1971年的论文奠定了基础。她将这些本科生和她自己描述为"一群坚定的早期女性主义研究者",并且"既是发明者又是探索者:发明各种假说和概念,游弋在未知的文献海洋中以及女性艺术和女性表征的暗河与涌流里"[16]。在诺克林2001年的论文中,她继续推崇这一女性主义艺术史学者团体,且拒绝被定位为一位有名无实的领袖,而是肯定"我们作为一个团体,一起工作,已经改变了我们领域的话语和生产"。她还对男性英雄主义提出了警告,她认为,这种男性英雄主义正在艺术、政治和文化领域里回归——这种回归在今天仍然存在。[17]面对这种情况,对50年后的读者来说,诺克林对这群早期女性主义研究者的描述仍至关重要。所有致力于书写女性主义艺术史和创作女性主义艺术这项持续、多样、交叉及不断发展的事业的人,应继续把自己视为"发明者和探索者",继续提出问题,拥抱"制造麻烦"。

致谢

感谢萨姆·比毕(Sam Bibby)、艾尔萨·格林兰(Althea Greenan)、海拉瑞·罗宾森(Hilary Robinson)和林诺拉·威廉姆斯(Lynora Williams,华盛顿特区国际女性艺术博物馆贝蒂·博伊德·德特里图书馆和研究中心馆长)帮助我找到重要的资料,并向我介绍诺克林在艺术史上留下的丰厚的女性主义遗产。

凯瑟琳·格兰特

注释

1 See Carol Armstrong and Catherine de Zegher eds., *Women Arists at the Milennium*, Cambridge, Mass.: MIT Press, 2006.

2 Linda Nochlin, 'Why Have There Been No Great Women Artists?', 1971, in *Women, Ant and Power and Other Essays*, Boulder, Colorado: Westview 1988, p.145. Unless noted otherwise, all subsequent quotations are from this reprint.

3 Nochlin, *Women, Art and Power*, 1988, p. 150.

4 Linda Nochlin, 'Why Have There Been No Great Women Artists?', *ARTnews*, January 1971, p. 23.

5 Nochlin, *Women, Art and Power*, 1988, p. 157.

6 Nochlin, *Women, Art and Power*, 1988, p.158.

7 Nochlin, *Women, Art and Power*, 1988, p.150.

8 Griselda Polloek, 'A Lonely Preface,' in Rozsika Parker and Griselda Pollock, *Old Mistresses: Women, Art and Ideology*, London: I.B. Tauris, 1981, 2nd edition 2013, p.xxiii, p. xvii.

9 Linda Nochlin, 'Why Have There Been No Great Women Artists? Thirty Years After,' in *Women Artists at the Milennium*, 2006, p. 29.

10 Nochlin, *Women Artits at the Millennium*, 2006, p.30.

11 Linda Nochlin, 'Introduction: Memoirs of An Ad Hoc Art Historian', in *Represening Women*, New York: Thames & Hudson, 1999, p. 33.

12 Nochlin, *Representing Women*, 1999, pp. 10-11.

13 Nochlin, *Representing Women*, 1999, p.9.

14 Steinbock, Eliza, 'Collecting Creative Transcestors: Trans* Prorraiture Hirstory, from Snapshots to Sculpture,' in Hilary Robinson and Maria Elena Buszek eds., *A Companion to Feminist Art*, Hoboken, New Jersey: Wiley Blackwell, 2019.

15 'BAM National Collections Audit,' led by Dr Anjalie Dalal-Clayton as part of the Black Artists and Modernism project (2015- 2018), <http://www.blackartistsmodernism.co.uk/black-artists-in-public-collections/>(accessed 22 April 2020).

16 Nochlin, *Representing Women*, 1999, p.19.

17 Mignon Nixon elaborates on this in her tribute essay,' Women, Art and Power After Linda Nochlin', October,163,March 2019,pp.131-132.

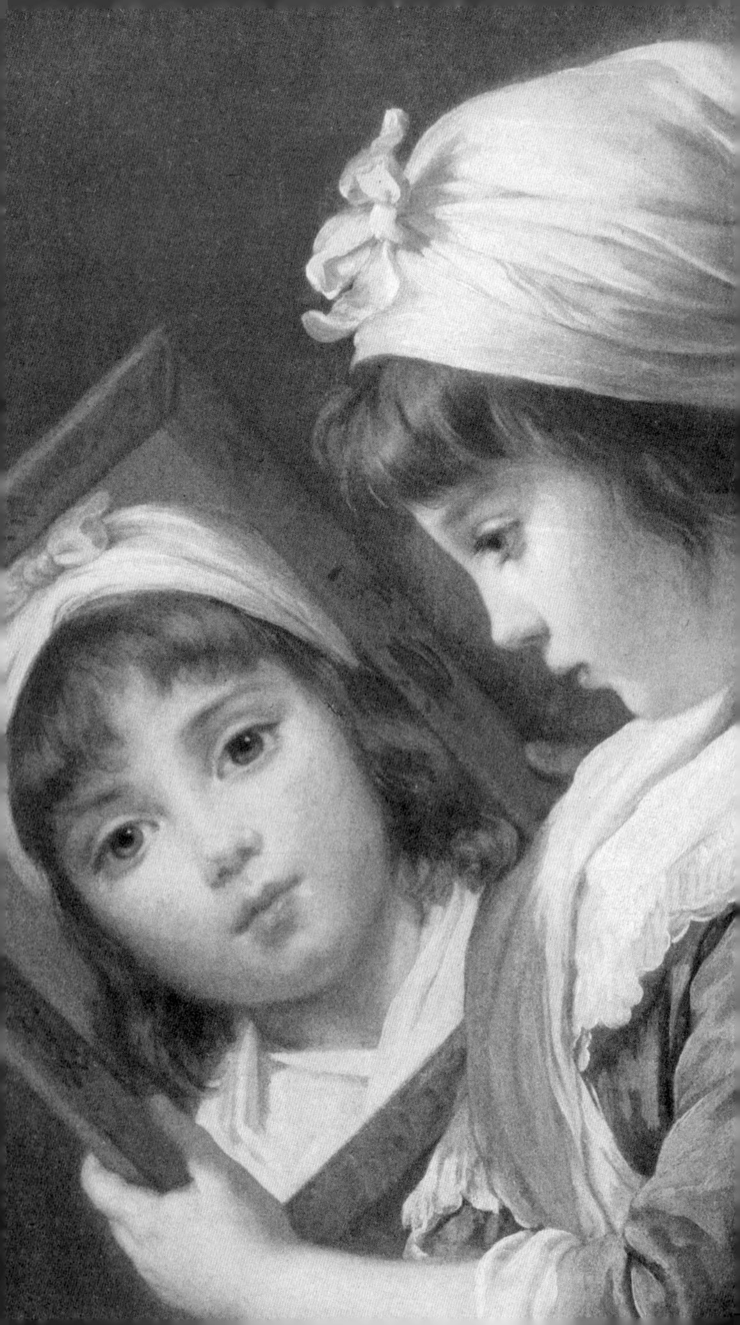

为什么
没有伟大的
女艺术家?

载《艺术新闻》,1971年1月

  虽然美国最近兴起的女性主义的确是一场解放运动,但它的力量主要是情感的——来自个人、心理和主观层面,就像其他与之相关的激进运动一样,都立足于当前及女性主义本身的迫切需求,而不是就女性主义对现状的批评中自然而然提出的基本知识问题进行历史分析。[1]

  但是就像任何革命一样,女性主义者最终仍必须以他们质疑现存社会体制的意识形态相同的方式,来着手处理各种知识性与学术性学科——如历史、哲学、社会学、心理学等——的知识及意识形态基础。正如约翰·斯图尔特·穆勒(John Stuart Mill)所说的,如果我们倾向于将一切"存在"视为天经地义,那我们在学术研究领域以及社会分工中都将如此。但在前者中,"天性"的假设必须受到质疑,大量所谓"事实"的虚构基础也应被公之于众。正是在这一点上,妇女被公认为局外人的地位,是特立独行的"她"(she)而非自然中性的"人"(one)——在现实中,白人男性地位被当作一种自然(或天生)来接受,或是隐藏的"他"(he)作为所有学术意义的主体——应视为一项明显的优势,而非只是一种阻碍或一种主观的扭曲。

在艺术史领域中,西方白人男性的视角被不由自主地当作艺术史家的视角来接受,而这或将——并且确实被证明是不合理的,不仅仅是基于道德和伦理的原因,而且在学术上也站不住脚。在揭示尤为学术的艺术史写作,及总体来看大量历史写作的失败时,考虑到那些未被公认的价值体系,以及历史调查中主体干涉的存在,女性主义批评也显露出自身在概念上的自鸣得意,及其元史学(meta-historical)的素朴天真。

当所有的学科都变得更加自觉，更加意识到它们在各个学术领域所特有的语言和结构中展现出的预设之本质，这种不具批判力地将"存在"作为"天性"来接受，在理智上可能是荒谬的。正如穆勒所说，男性的统治地位是长期以来一系列社会不公正中的一环，如果要建立一个真正公正的社会秩序，就必须克服它，因此我们必须将白人男性的统治地位这一主观臆断看作一系列智识扭曲中的一项，必须加以纠正，才能取得一种更为准确和中肯的史观。

只有专注于女性主义理论（如约翰·斯图尔特·穆勒那样），才能够突破目前文化-意识形态的局限性以及特殊的"职业性"，从而揭露出不仅在处理妇女问题，而且在整个学科关键问题的阐述方式上所同样存在的偏见与不足。因此，所谓妇女问题，远不是次要的、外围的、狭隘得可笑的问题，而是一个严肃的、公认的学科上的问题，可以成为一种催化剂、一种知识工具，探索（被视为）基本的和"天性"的假定，为其他对本质的质询提供一个范例，进而为其他领域中由激进策略确立的范例提供一个链接。甚至像"为什么没有伟大的女艺术家？"这样简单的问题，如果回答得当，也能够造成一种连锁反应，不仅能够围绕单个领域的公认假设进行扩展，而且可以外延至历史和社会科学，甚至心理学和文学领域，由此，即使这个问题从一开始就挑战了传统的知识划分的假定，但它仍然是我们所处的时代中有探讨意义的问题。

比如，让我们来审视这个反复出现的问题的未尽之语（当然，这能替换为几乎所有其他人类研究领域，只需修改前面的短语）："如果妇女真的与男人平等，为什么没有伟大的女艺术家（或女作曲家、女数学家、女哲学家，或是其他）？"

"为什么没有伟大的女艺术家？"这个问题在许多讨论所谓妇女问题的背景下被提出来。但是，就像其他许多所谓的女性主义"争议"的问题一样，它同时歪曲了这个问题的实质，恶意地给出了自己的答案："没有伟大的女艺术家，是因为女性不可能是伟大的。"

藏在这个问题背后的假定是多种层面和诡辩的，可提供"经科学证实"有子宫的人比有阴茎的人在重要的创造性领域要无能一些，而且更惊叹于：妇女尽管经过那么多年近乎平等的待遇——别忘了，许多男人也有不少劣势——却还没有在视觉艺术中取得独特的重要成就。

女性主义者的第一反应就是吞下这一鱼饵、鱼钩、鱼线和铅锤，然后试图从发问本身来回答这一问题：即挖掘历史上有价值或者被忽视的女艺术家；使她们不算显著，但颇为有趣且卓有成效的职业生涯重新进入人们的视野；或"重新发现"被遗忘的花卉画家或雅克·路易·大卫（Jacques Louis David）的追随者，为她们找到证据；证明贝尔特·莫里索（Berthe Morisor）的成功真的是比人们想象的更少依赖爱德华·马奈（Édouard Manet）——换句话说，他们从事的是专家学者的寻常活动，恢复她们被忽视和被视为二流大师的地位。这样的尝试，无论是否从女性主义立场出发，如1858年出现在《威斯敏斯特评论》(*Westminster Review*)[2]上关于女性艺术家的文章，或更晚近的关于艺术家如安杰里卡·考夫曼（Angelica Kauffmann）和阿特米西亚·真蒂莱斯基的学术研究[3]，都取得了一定的成果，二者都增加了我们对女性成就的了解，也加深了我们对艺术史的了解。但这些文章和研究仍然没有质疑藏在"为什么没有伟大的女艺术家?"这个问题背后的假设。相反,由于试图回答这个问题,它们无形中强化了其负面的暗示。

另一种回答这个问题的尝试是稍微转移了一下阵地,并且如同一些当代女性主义者所做的那样,声称女性艺术具有一种不同于男性的"伟大",从而假设存在着某种独特的和可辨认的女性风格,在形式和表现特质上独具一格,并且是基于女性处境和经验的特质上的。

从表面上看,这似乎很合理:通常来说,女性在社会中的处境与经验是不同于男性的,因此,作为艺术家自然也不同于男性艺术家。一群可以自觉表达出女性意识的女性有意识地组织在一起,她们所创造的艺术,可能在风格上确实可以被视为女性主义,不幸的是,这虽然仍有可能存在,但迄今为止还没有发生。当多瑙河画派(Danube School)的成员、卡拉瓦乔(Caravaggio)的追随者、在阿旺桥村(Pont-Aven)围绕着高更(Gauguin)的先锋派成员、青骑士(the

Blue Rider)，或立体派（Cubist）都可能由于风格或经验被清楚地辨认出来时，却似乎没有这样一些相通的"女性气质"能够将女艺术家的各种风格普遍联系起来，正如没有一种普遍的特质来联结所有的女作家。玛丽·埃尔曼（Mary Ellmann）在她的《关于女性的思考》(*Thinking about Women*)[4]中就对此进行了精彩的论述，进而反驳了最具破坏性且相互矛盾的男性主义批评的陈词滥调。以下这些女性的作品似乎都没有丝毫的女性特质：阿特米西亚·真蒂莱斯基、维吉-勒布朗（Vigée-Le Brun）、安杰里卡·考夫曼、罗莎·博纳尔、贝尔特·莫里索、苏珊娜·瓦拉东（Suzanne Valadon）、凯瑟·珂勒惠支、芭芭拉·赫普沃斯、乔治亚·欧姬芙（Georgia O'Keeffe）、索菲亚·陶沃伯-阿尔普（Sophie Taeuber-Arp）、海伦·弗兰肯萨勒（Helen Frankenthaler）、布里奇特·瑞里（Bridget Riley）、李·邦特库（Lee Bontecou）或路易斯·内文森（Louise Nevelson），还有文学界的萨福（Sappho）、玛丽亚·德·弗兰斯（Marie de France）、简·奥斯丁（Jane Austen）、艾米丽·勃朗特（Emily Brontë）、乔治·桑（George

阿特米西亚·真蒂莱斯基
朱迪斯斩首荷洛芬尼斯 约 1614—1620

布面油画
199 厘米 ×162 厘米

Sand)、乔治·艾略特(George Eliot)、维吉尼亚·伍尔夫(Virginia Woolf)、格特鲁德·斯泰因(Gertrude Stein)、阿内斯·宁(Anaïs Nin)、艾米丽·狄更生(Emily Dickinson)、希尔维亚·普拉斯(Sylvia Plath)和苏珊·桑塔格(Susan Sontag)。在上述每一个例子中,女艺术家和作家似乎更接近于那些与她们同时代、持相同观点的其他艺术家和作家,而非其他女性。

也有人认为,女艺术家更为内向,在处理题材时显得更为精致和纤巧。但是以上引证的女艺术家,哪位比雷东(Redon)更为内向,比科罗(Corot)处理颜料更为微妙?弗拉贡纳尔(Fragonard)比维吉-勒布朗多一点还是少一点女性气质呢?或者说如果用二元对立的"男性气概"和"女性气质"来进行衡量,18世纪法国的洛可可艺术都属于"女性气质"吗?的确,虽然纤巧、精致、考究可以作为"女性气质"的风格特征,但是罗莎·博纳尔的《马会》(*The Horse Fair*)就没有什么纤巧之处,在海伦·弗兰肯萨勒的巨大画幅上也没有体现什么纤巧与内向。虽然妇女更专注于描绘有关家庭生活或孩子的场景,然而扬·斯丁

（Jan Steen）、夏尔丹（Chardin）还有印象主义者雷诺阿（Renoir）、莫奈（Monet）以及莫里索和卡萨特（Cassatt）也爱画这些题材。无论如何，单凭对特定题材的选择，或是局限于描绘某种主题，并不意味着属于同一种风格，更不能将其视为典型女性风格。

问题不在于一些女性主义者有关何谓"女性气质"的观念，而在于他们——以及一般公众——对于何谓艺术的误解，天真地认为艺术是情感体验的个人化表现，直接将个人生活转化为视觉语言。但是艺术几乎从来不是这样，伟大的艺术从来不是这样。艺术创作涉及一种前后一致的形式语言，或多或少依赖或不拘泥于当下的特定习俗、图式或符号系统，这些必须通过教学、师徒传承或长期的个人经验，才能习得和获取。更实质地说，艺术语言具体体现为画布上、纸上，或者石头、陶土、塑料、金属中的色彩与线条——它既不是一则悲伤的故事，也不是一句秘密的耳语。

事实是，据我们所知，尽管有许多有趣的、未被充分了解和欣赏的优秀女艺术家，却从未出现过一位极其伟大的女艺术家；同样，也未曾出现过伟大的立

伊丽莎白·维吉 - 勒布朗
看着镜子的朱丽叶·勒布朗(1780—1819)〔*Julie Le Brun（1780—1819）Looking in a Mirror*〕 1787

布面油画
73 厘米 ×59.4 厘米

陶宛爵士钢琴家或者伟大的因纽特裔网球运动员，不管我们多么希望有这样的人。这种情况是令人遗憾的，但无论历史学家如何篡改，或有什么关键的证据也不能扭转当前局面；控诉男性沙文主义歪曲历史同样无济于事。事实是，亲爱的姐妹，没有女艺术家能够与米开朗琪罗或伦勃朗（Rembrandt）、德拉克洛瓦（Eugene Delacroix）或塞尚（Paul Cézanne）、毕加索或马蒂斯（Henri Matisse），及至晚近的德库宁（William de Kooning）或沃霍尔（Andy Warhol）相提并论，也没有能与这些人相提并论的美国黑人。如果真的有那么多"被埋没的"伟大女艺术家，或者如果真的有一个与男性相对的不同的的女性艺术标准——两者不可兼得——那么女性主义又为什么而战呢？如果妇女在艺术领域确实享有与男性同等的地位，那么维持现状就很好了。

但是实际上，正如我们所知，现在以及一直以来，在艺术和其他成千上万的领域中一样，对于"不幸"没有生为白人、中产阶级，最重要的是，"不幸"没有生为男人的妇女而言，境况是令人厌烦的、压抑的、沮丧的。问题不在于我们的星座、我们的荷尔蒙、我们的月经周期或我们内心的空虚，而是在于我们的体制和我们的教育——包括从我们来到这个充满象征、符号和信号意义的世界那一刻起发生在我们身上的一切。实际上，奇迹在于，尽管女性或黑人面临巨大的困难，他们中的许多人仍然在科学、政治或艺术等白人男性的特权领域取得了卓越的成就。

只有当我们真正开始思考"为什么没有伟大的女艺术家？"究竟暗示着什么的时候，我们才会开始意识到，我们对世界现状的意识在多大程度上是被制约的——而且常常是被证伪的——这要归咎于大多数重要问题被提出的方式。我们往往想当然地认为，东亚问题、贫穷问题、黑人问题和妇女问题确实存在。但首先我们必须问自己：是谁在提出这些"问题"，然后，提出问题的目的是什么？（当然，我们可能以纳粹的"犹太人问题"来唤起我们的记忆。）的确，在我们这个通信发达的时代，"问题"会被迅速地设计出来，理性地归到那些坏的本性中。正因如此，由美国在越南和柬埔寨造成的问题被美国人称为"远东问题"，而东亚人却更为切实地将其视为"美国问题";所谓"贫穷问题"可能被城市贫民区或郊区荒地的居民更直接地看作"财富问题";同样颇具讽刺意味的是"白人问题"被彻底颠倒为"黑人问题";同样颠倒的逻辑将我们面临的问题构想为——"妇女问题"。

于是,"妇女问题"如同所有所谓的人类问题一样(把任何与人类有关的事称为"问题",显然是最近的流行),"问题"根本不可能被完全"解决",因为所谓的人类问题涉及的只是对现状本质的重新解释,或者就"问题"本身而言,立场或方案的彻底改变。这样妇女与她们在艺术中的地位,犹如在其他奋斗的领域一样,在占主导地位的男性权威精英眼中,根本算不上什么"问题"。相反,妇女必须设想她们自己是潜在平等的主体,即使实际上并非如此,并且必须心甘情愿地面对现实,不能自怨自艾或借口逃避;同时,她们必须以足够高的情感和理智投入来看待她们的处境,使女性艺术家不仅能够取得同样的成就,而且还可以受到社会风气的鼓励。

期望如一些女性主义者的乐观断言一般,在艺术和其他领域的大多数男性很快就会觉悟，并认识到承认男女完全平等是对自己有益的，或是坚持认为男性很快就会认识到如果他们拒绝进入传统的"女性气质"领域和情感世界，他们的地位会被削弱。毕竟几乎没有什么领域真正"拒绝"男人，尤其是操作层面要求卓越、负责任或有足够回报的领域：男人也需要具有"女性气质"来从事与婴儿或孩子有关的工作，比如儿科医生或儿童心理学家，而护士（女性）只能做更为常规的工作；那些渴望在厨房创作上大显身手的男性则可能获主厨头衔；同样，渴望通过经常被称为"女性气质"的艺术兴趣实现自我的男性可以去当画家和雕塑家，而不是像他们的女性同好那样常常只能担任博物馆的志愿者或兼职陶艺家；就学术而言，有多少男人会愿意从教师和研究人员，变成无偿的、兼职的研究助理和打字员，或者全职保姆和家庭主妇呢？

那些有特权的人必定会牢牢把握住这些特权，不管这种优势是多么微不足道，直到被迫向这样或那样更强大的势力低头。

于是，在艺术以及其他领域中，妇女平等的问题并不取决于男性个体的相对仁慈或恶意,也不取决于女性个体的相对自信或卑贱,而是取决于我们制度结构的本质以及它强加给其间人类的对于现实的看法。

正如约翰·斯图尔特·穆勒(John Stuart Mill)在一个多世纪以前指出的:"一切寻常的事看起来都是自然的。女性服从男性是一个天经地义的习俗,改变这一点天然地显得不自然。"[5]尽管大多数男人嘴上说着平等,却都不愿意放弃这一"自然"的安排,因为在这种安排中,他们的优势是那么明显。对女性来说,情况更为复杂,正如穆勒所敏锐地指出的那样,女性与其他受压迫的人群和社会阶层不同,男人不仅要求她们屈从,而且要求她们给予无条件的爱。从而,女性被男性主导的社会的内在要求弱化,也被物质享受和物质过剩弱化:中产阶级妇女大多数是迷失在其中,而不是被束缚。

"为什么没有伟大的女艺术家?"这个问题仅是误解和错误观念的冰山一角,下面是公认的观念问题的庞然大物,即关于艺术的性质,以及随之衍生的关于人类才能,特别是人类杰出能力的普遍性,以及社会秩序在其中所扮演的角色。虽然像这样的"妇女问题"只是一个伪命题,但在"为什么没有伟大的女艺术家?"这一问题中所包含的错误观念却指出了超越女性的政治与意识形态议题之上的知识模糊地带。在这个问题的基础上有许多伟大的艺术具有幼稚、歪曲和不加鉴别的假设。这些假设,又有意或无意地将一些毫不相干的超级巨星如米开朗琪罗、凡·高(Vincent Willem van Gogh)、拉斐尔(Raphael Sanzio)、杰克逊·波洛克(Jackson Pollock)等联系到一起,并归到"伟大"的级别——一个荣耀的头衔被许多学术著作加诸于这些艺术家。当然,伟大的艺术家还被设想为是具有"天赋"的人;而天赋,则被认为是一种不知为何笼罩在伟大的艺术家身上的永恒和神秘的能量。[6]这样的观点与公认的、往往是无意识的元历史假设有关,正是这种假设使得西伯利特·丹纳(Hippolyte Taine)的种族—环境—时代的历史思维维度构想看起来是一种成熟的模式。但是这些假设恰是许多艺术史写作的内在特征。人们很少研究产生伟大艺术的普遍环境这一关键问题,这并非偶然,直到最近,对这些问题的研究还被认为是非学术的、过于宽泛的，或者是属于其他学科的，比如社会学的范围而遭到搁置。最近一些持有异议的年轻人认为：鼓励一种不带偏见的、客观的、社会学的和以制度为导向的方法将揭示现存的艺术史学界依据的浪漫的、精英主义的、个人崇拜的和专业创作的弊端。

于是，在关于妇女作为艺术家的问题之下，我们发现了伟大的艺术家的神话——百题之主、绝无仅有的、神一般的光环——从出生起便贯穿在被称为天才的个人身上，犹如格拉斯夫人（Mrs. Grass）鸡汤中附赠的"金块"（Golden Nugget）；被称为天赋或才能。这种神话的真相就像谋杀一样，必须被揭示，无论环境多么不适当或不乐观。

显然，围绕着具象艺术及其创造者的神奇光环，从一开始就造就了一系列神佑。足够有趣的是，同样的神奇能力——少年时内心的神秘呼唤、无师自通、取法自然——在被老普林尼（Pliny）赋予古希腊雕塑家利西普斯（Lysippos）之后，晚至19世纪末竟然又被马克斯·布肯（Max Buchon）用于库尔贝（Courbet）

的传记中。艺术家作为模仿者具有超自然的力量,他对强大的,甚至可能是危险的力量的掌控,使他在历史上与其他人截然不同,成为一位像神一样能"无中生有"的创造者。在瓦萨里(Vasari)的记述中,年轻的乔托(Giotto)在牧羊时被传大的契马布埃发掘,那时,他正在石头上画羊;契马布埃被他画中的写实性折服,便立即邀请这位谦卑的年轻人做他的学徒。如此,瓦萨里使乔托获得了不朽的名声。自此以后,描绘一位外表通常是卑微低下的牧羊少年的神童得到老艺术家或独具慧眼的赞助人赏识的故事,便成为艺术传说中的常见内容。[7]在一些神秘巧合的作用之下,后来的艺术家包括贝卡弗明(Beccafumi)、安德烈·桑索维诺(Andrea Sansovino)、安德烈·戴尔·卡斯特诺(Andrea del Castagno)、曼泰尼亚(Mantegna)、苏巴朗(Zurbarán)和戈雅(Goya)都是在类似的环境中被发现。甚至当年轻的伟大的艺术家没有足够的幸运放羊时,他的天才也总是能够很早便显露出来,不经任何外来的助力脱颖而出:据记载,菲利普·利皮(Filippo Lippi)和尼古拉斯·普桑(Nicolas Poussin)、库尔贝和莫奈都曾在教科书的边页上画漫画，而不是专注于学习必修课程——当然，我们从未听过某个青年疏于学习，在教科书的边页上乱画，最后却没有成为一个比百货商店店员或鞋店推销员更出色的人物的故事。但是据米开朗琪罗的学生和传记作者瓦萨里记载，伟大的米开朗琪罗在孩童时，画画就多于学习。他的天赋是那么明显，瓦萨里说，当米开朗琪罗的老师基尔兰达约（Ghirlandaio）暂时放下在圣母玛利亚教堂（Santa Maria Novella）的工作时，这位年轻的艺术学徒便抓住这短暂的机会画了"脚手架、支架、颜料罐、画笔和在工作中的学徒"，他的技巧如此高超，以至于老师回来后称赞道："这个男孩懂得比我多。"

通常情况下，这样的故事可能包含了一些真实的元素，但它往往倾向于反映并延续它们所包含的态度。无论这些少年成才的天才传说有什么事实依据，故事的主旨都是误导人的。例如，毫无疑问，年仅15岁的毕加索仅用一天时间就分别通过了巴塞罗那美术学院和马德里美术学院的入学考试，而大多数应试者要花上一个月来为此艰难大业做准备。但我们很有可能会找到更多类似的早慧的艺术学院学生,他们后来一事无成,或平庸,或失败——显然,艺术史家对他们不感兴趣。我们还可能会更详细地了解到毕加索的艺术教授父亲在儿子的艺术早慧中所充当的角色和发挥的作用。如果毕加索是个女孩呢?鲁伊兹先生(Señor Ruiz)还会像对小毕加索那样给予同等的重视和激励以使之成功吗?

　　以上所有的故事显然强调了艺术成就不可思议的、不确定的以及非社会性的本质,这种艺术家角色的半宗教化概念在19世纪被提高到圣徒传记的高度。当时艺术史家、批评家以及至少部分艺术家本人都倾向于将艺术创作拔高到能够代替宗教的地步,当作拜物世界最高价值的堡垒。在19世纪的圣徒传奇中,艺术家为对抗最为顽固的家长和社会的反对而斗争,忍受着社会责难的明枪暗箭,犹如圣徒殉难,最终成功地征服了所有逆境——只可惜通常是在他死后——因为他内心深处闪耀着神秘而圣洁的光芒:天赋。例如,我们有疯狂的凡·高,在癫痫发作和食不果腹时依旧画出朵朵向日葵;塞尚,勇敢面对父权的反对和公众的嘲笑，推动绘画的革命；高更，抛弃崇高声望和经济保障，以狂热的态度去热带追寻内心的呼唤；图卢兹-劳特累克（Toulouse-Lautrec），矮小，残障，酗酒，放弃贵族头衔而选择了能给予他灵感的肮脏环境。

现在，没有一个严肃的当代艺术史家会直接使用这样明显虚构的传说来增加艺术家的价值。然而，恰是这一类关于艺术成就及其产物的神话构成了学者们种种无意识的或公认的设想，而不管社会影响、时代观念、经济危机等其他因素有多少值得探究。对伟大的艺术家最为复杂的研究调查背后，是艺术史著作最初就接受了伟大的艺术家出于天生的观点，他们生活的社会和制度结构仅被作为次要的"影响"或"背景"——隐藏着关于天赋的"金块"理论和个人成就的自我奋斗观念。在此基础上，妇女缺乏在艺术中的重大成就便可以被归纳为一个三段论：如果女性具有艺术天赋的"金块"，天赋就一定会自行显露出来，但这样的"金块"并没有显露，因此，结论是妇女没有艺术天赋的"金块"。可是，如果默默无闻的放羊少年乔托和有癫痫的凡·高都能做到，为什么妇女不能？

只要我们撇开神话世界和虚构的传说，代之以冷静的眼光看待整个历史时期的种种社会结构和体制结构中重要艺术生产所处的实际情况，我们便会质疑历史学家提出的那些丰硕成果或相关的内容。比如我们会问：在艺术史的不同阶段，艺术家分别最有可能来自哪个社会阶层？来自哪个种族和群体？有多少比例的画家和雕塑家，或更明确地说，有多少重要的画家和雕塑家，他们的家庭中父亲或其他近亲是画家和雕塑家或从事相关职业？正如尼古拉斯·佩夫斯纳（Nikolaus Pevsner）在他关于17和18世纪法兰西学院（French Academy）的研究中指出：艺术职业从父亲到儿子的传承被看作是理所当然的 [就像科伊佩尔（Coypel）父子、库斯图（Coustou）父子和凡·路（van Loo）父子等]，事实上，院士们的儿子们可免费听课。[8] 尽管19世纪有著名的、充满戏剧色彩的反抗父亲的伟大"逆子"，人们还是不得不承认，大多数艺术家，伟大的或不伟大的，在通常是子承父业天经地义的时代，都有一个艺术家父亲。在这些重要的艺术家中，荷尔拜因（Holbein）和丢勒（Dürer）、拉斐尔、贝尼尼

(Bernini)的名字立刻出现在我的脑海中；即使在我们的时代，人们也可以举出毕加索、考尔德（Calder）、贾科梅蒂（Giacometti）和惠斯（Wyeth）等人作为艺术家族成员的例子。

就艺术职业与社会阶层的关系而言，尝试回答下述问题，或许能为解答"为什么没有伟大的女艺术家"一问提供有趣的范式："为什么没有来自贵族阶层的伟大的艺术家？"至少在反传统的19世纪以前，人们几乎想不出有哪位艺术家出自比上层资产阶级更高的社会阶层；甚至在19世纪，只有来自下层贵族——事实上更像是上层资产阶级的德加（Degas），和由于意外残障而流落到边缘阶层的图卢兹-劳特累克，可以说是来自上流社会。尽管绝大部分艺术资助和艺术观众都来自贵族阶层——直到今天，在这个更为民主的时代，富裕的上流社会依旧如此——但在艺术创作上，它几乎没有做出超出业余玩票范畴之外的贡献。然而，上流社会的人（和许多女性一样）往往享有受教育的优势，也有大量的休闲时间，并且常常被鼓励去涉猎艺术，甚至发展成颇具水准的业余爱好者。比如像拿破仑三世（Napoléon Ⅲ）的堂妹玛蒂尔达公主（Princess Mathilde），她的作品经常在官方沙龙展出，或者维多利亚女王（Queen Victoria）和艾尔伯特亲王（Prince Albert），他们对艺术的研究绝不输于兰西尔（Edwin Henry Landseer）。难道说，贵族阶层也和女性的心灵一样，缺少天赋这个小小的"金块"吗？或者说，难道不是人们对贵族和女性提出的种种要求和期待——包括应该用于社会聚会的时间，以及必须参与的特定活动——使得对于上流社会的男性和所有女性而言，全身心投入专业的艺术生产已成妄想，和天分无关，不是吗？

伟大艺术的创作只是艺术生产的条件这一问题之下的子话题。当我们就艺术生产的条件正确发问，无疑会引出一系列关于智力与天赋的情境产物的总体讨论，不会仅仅局限于艺术天分一个方面。皮亚杰（Jean Piaget）等学者在遗传认识论中强调，在孩童的理智发展和想象力展开的过程中，智力，或者我们用以代指的天赋，是一种动态的活动而非静止的本质，而且是一个主体在情境中的一种活动。儿童发展领域的进一步研究表明，这些能力或智慧是从婴儿期开始一点一滴精密地构筑而成的；环境中的主体可能很早就形成了适应—调和的模式，以至于对于单纯的观察者而言，这一模式似乎的确是与生俱来的。这一研究说明，撇开元史学的原因不计，无论这种观念是有意还是无意地表达出来的，学者们都必须抛弃个人天才与生俱来，并且对艺术创造而言是头等重要的观点。[9]

从而，"为什么没有伟大的女艺术家？"这一问题将我们导向这样一个结论：艺术不是天赋异禀的个人自由的、自主的活动，仅仅受到前辈艺术家的"影响"，或者更为表面地受到"社会力量"的影响。相反，艺术创造所处的总体情境，不论是艺术创造者的发展，还是艺术品自身的本质和特征，都发生在某种社会环境之中，而这才是社会结构的必要元素，由特定的社会体制影响或决定，如艺术学院、赞助系统、神圣造物主的神话，以及作为健壮男性或社会放逐者的艺术家。

裸体的问题

我们现在可以从一个更合理的立足点来着手处理我们的问题,因为这样才能回答"为什么没有伟大的女艺术家?":不在于个人有没有天赋,而要立足于社会制度的影响、各个阶层或群体中的个人被禁止或鼓励什么。让我们首先来考察这样一个简单但关键的问题,即从文艺复兴到19世纪末,有抱负的女艺术家能否采用裸体模特。这个时期,长期而仔细地研究裸体模特是每一个年轻艺术家必不可少的基础训练,任何自命不凡的作品莫不是如此产生,更是被视为艺术中最高品类的历史画之精髓。的确,19世纪传统绘画的卫道士曾扬言:没有一件伟大的绘画作品画有穿着衣服的人物,因为服装不可避免地会破坏伟大的艺术所要求的时代普遍性和古典理想化。不用说,从16世纪末至17世纪初学院建立开始，裸体写生（通常是男性裸体写生）就是学院训练的核心。此外，许多由艺术家及其学徒组成的小团体经常私下聚在自己的画室里画裸体模特。总的来说，虽然艺术家个人和私立学院雇用女模特的情况已十分普遍，但直到1850年之后，女性裸体模特在几乎所有的公立艺术学院中还是被禁止的——对此现象佩夫斯纳毫不偏颇地形容为"难以置信"。[10] 更难以置信和更不幸的是：完全不允许有抱负的女艺术家使用任何裸体模特，男性或女性都不行。直到1893年，伦敦皇家学院仍不允许女学生参加人体写生课，即便后来她们得到了许可，模特也必须"部分着衣"[11]。

一个对描绘人体写生课场景的作品的简略调查显示：伦勃朗画室里，所有的男性学员都会根据女性裸体作画；在18世纪的海牙和维也纳学院教学的作品中，男人们在画男性裸体；19世纪初布瓦伊（Louis Léopold Boilly）创作了一幅迷人的画作，表现乌东（Jean-Antoine Houdon）工作室内多名男性对着一名坐着的男性裸体模特作画的场景；马蒂厄·科舍罗（Léon-

Mathieu Cochereau)在1814年的沙龙展出的严谨而真实的《大卫工作室内景》(*Interior of David's Studio*)，展现了一群年轻男子在认真地描绘着一名男性裸体模特，其中，模特所处的台前还能看到他脱下的鞋子。

大量的"学院"遗风流传下来。从修拉（Seurat）时代到20世纪所有艺术家年轻时的习作中，都有对画室裸体模特详尽而艰辛的研究习作，证明了裸体研究对具有才华的初学者的教育和发展具有关键意义。正规的学院课程通常理所当然地从临摹素描和版画开始，到画著名雕塑作品的石膏模型，再到对着模特进行素描写生。被剥夺了这一基础性的训练阶段，实际上意味着被剥夺了创作重要艺术作品的可能性，除非她真的是一个非常有创造天赋的女性，或者干脆如同大多数有志成为画家的女性最终做的那样，将自己局限于"次要"领域，画肖像、风俗、风景或静物。这就像一个医学生被剥夺了解剖甚至观察裸露的人类身体的机会。

据我所知，没有一幅表现艺术家描绘裸体模特的作品体现了女性在担任模特之外的任何职能，对这一礼仪规矩有一种有趣的说明:一位(当然是"底层的")妇女可以在一群男人面前像物品一样展现自己的裸体,但却被禁止参与这类有效的学习,不能像描绘物品一样描绘男性裸体,甚至不能画女性裸体。关于着衣女性面对裸体男性这个禁忌的一个可笑例子是1772年的伦敦皇家学院院士群像《皇家学院的学员》(*The Academicians of the Royal Academy*),画中,佐法尼(Johann Zoffany)将所有著名的学院院士聚集在一间写生教室的两名男性裸体模特周围,只有一个显著的例外:一位女性成员,著名的安杰里卡·考夫曼。出于礼节,她仅仅以挂在墙上的着衣肖像画的形式出现在这里。一幅稍早的素描,波兰画家丹尼埃尔·查德威克(Danicl Chodowiecki)的《画室里的女士们》(*Ladies in the Studio*),表现了女士们面对一位穿着得体的女性模特作画的情景。在法国大革命以后相对开放时期的一幅石版画中,版画家马列(Marlet)表现了一些女素描师夹在一群学生中对着一名男性模特写生的情景,不过模特却难为情地套上了一条类似泳裤的衣服,这衣服很难传达出什么古典优雅之感。毫无疑问,此种

约翰·佐法尼
皇家学院的院士们
1771—1772

布面油画
101.1 厘米 ×147.5 厘米

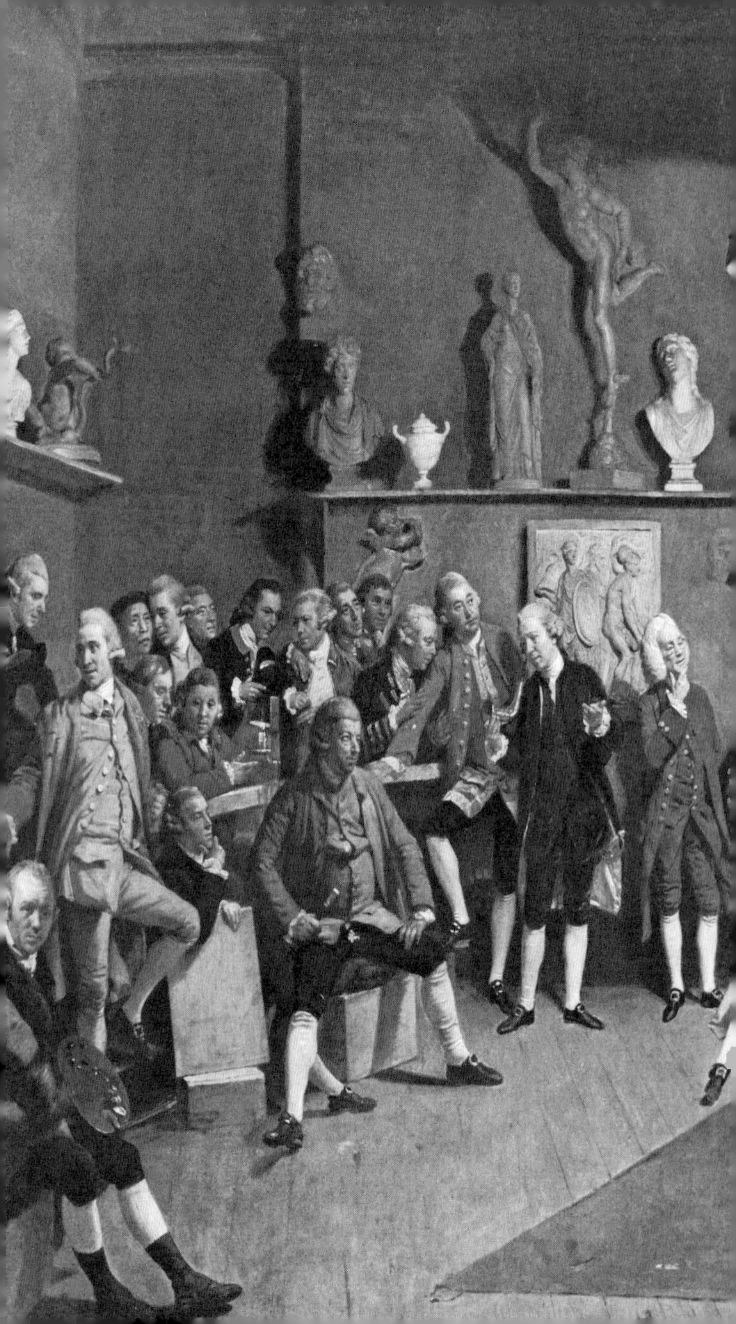

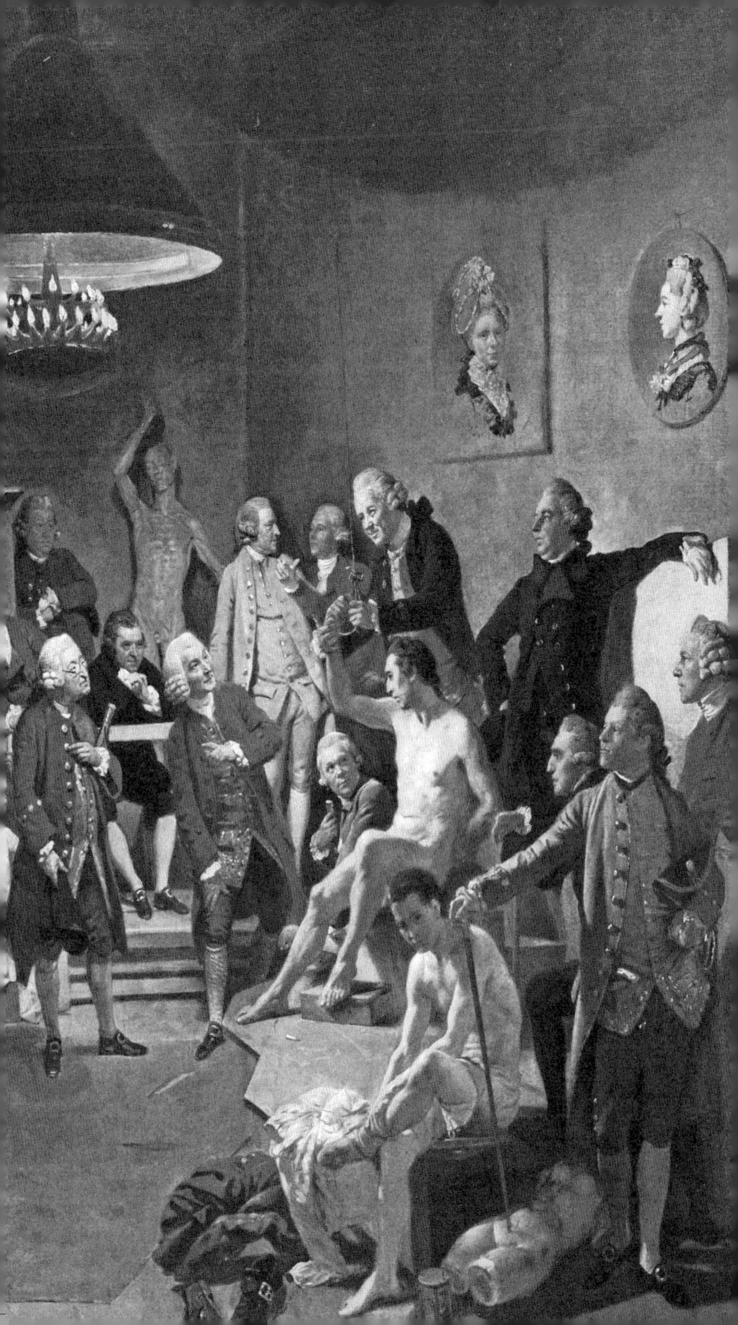

特许在当时会被认为是相当大胆的，上述那些年轻的女士已遭到道德上的质疑，但就连这种开放的状况似乎也仅维持了很短的时间。在英国，大约1865年的一幅表现工作室内景的立体镜彩色画中，站立着一名有胡须的男性模特，他穿着厚而带褶的罗马托加袍，身体结构完全看不见，只露出一边的肩和臂。即使如此，他的目光还明显地避开了画素描者的裙子。

在宾夕法尼亚学院开设给女性的模特写生课上，她们甚至连这类极为庄重的特殊待遇都没有。一张由托马斯·伊肯斯（Thomas Eakins）在大约1855年拍摄的照片显示，这些女学生只能用母牛（还是公牛？阉牛？照片里牛的下半身模糊不清，难以辩认）当模特。诚然，这是一头"裸体"的母牛。在那个人们认为甚至连钢琴腿都应该用荷叶边遮盖起来的年代，这算得上是一个大胆的解放（在画室中用牛当模特起源于库尔贝，他在19世纪60年代将一头公牛带入了他短暂开办的工作室中）。直到19世纪末，在相对自由和开放的列宾（Ilya Yefimovich Repin）工作室和俄罗斯艺术圈里，我们才找到了描绘女性艺术学生在男性陪同下，

大约 1855 年，在宾夕法尼亚学院托马斯·伊肯斯的写生课上，一头母牛取代了男性裸体作为女学生的模特

明胶银版法印相
20.5 厘米 ×25.4 厘米

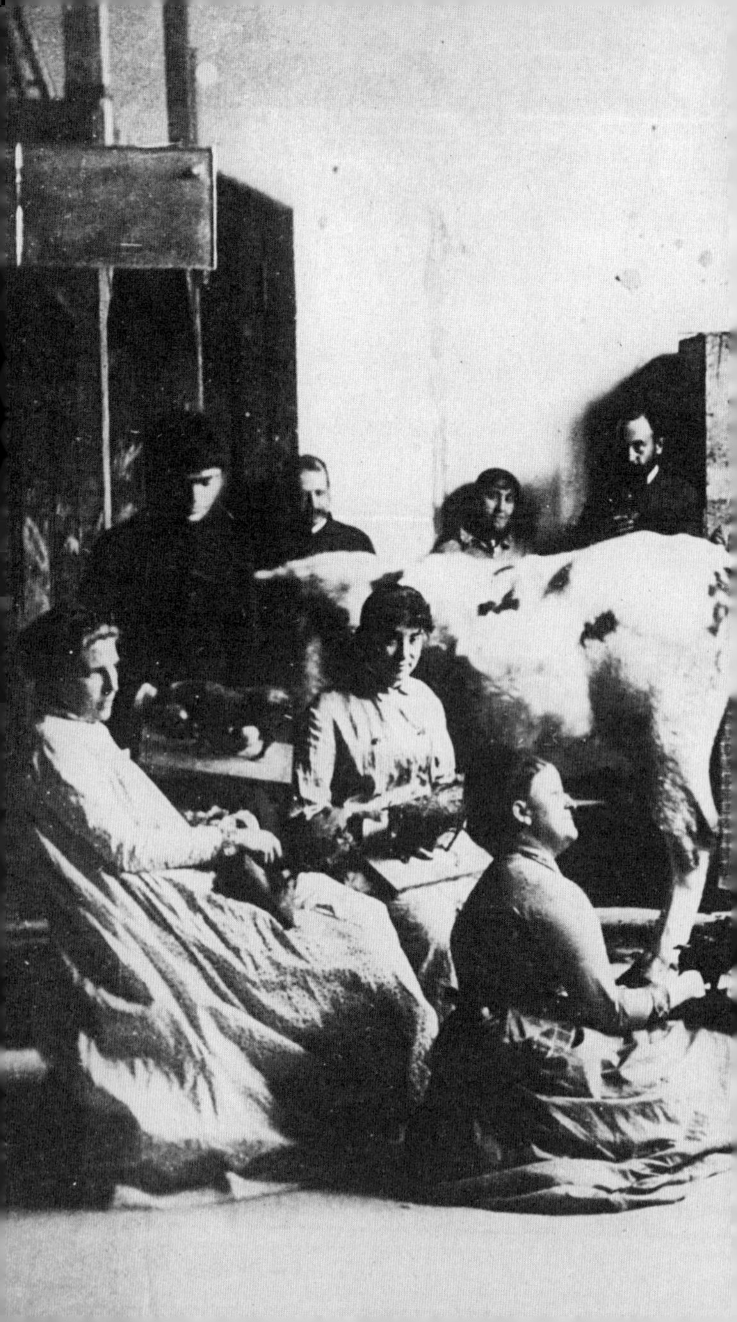

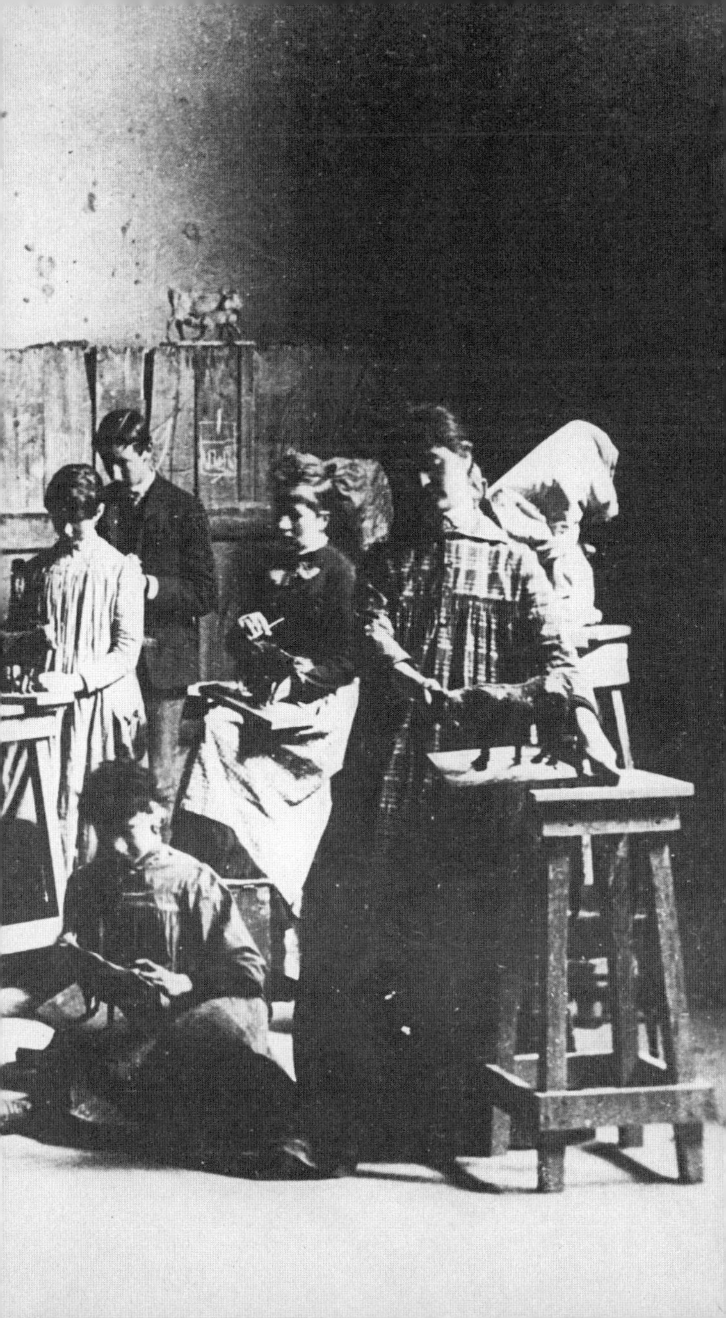

无拘无束地进行裸体写生的材料——当然，模特也是女性。即使在这个案例中，我们也必须注意到，这些特殊的照片表现的是某私人素描小组在一位女艺术家组员家里的私人写生聚会；而在其他相关照片中，模特身上都披着布帘；另外还有一件巨幅群体肖像，由列宾的两名男学生和两名女学生合作创作，它表现的是想象中俄罗斯从过去到现在所有写实主义门人的集合，而不是画室里的真实场景。

我已经详尽讨论了关于是否为女性提供裸体模特的问题。这只是无形中在制度上延续已久的对妇女歧视的表现之一，之所以如此详述，是为了证明对妇女的普遍歧视，以及这种歧视所造成的后果。同时这也是为什么妇女长期以来在艺术领域只能做到熟练和精通，而不能成为伟大的制度性而非个人的因素之一。我们同样可以考察其他方面的情况，比如学徒系统或者学院教育模式。这种学院教育模式，尤其在法国，几乎是当时能取得成功的唯一途径，它包含一系列常规进程和定期比赛，罗马大奖是其中的最高荣誉。此大奖的年轻获胜者可以在法兰西学院工作——

当然，这对妇女而言是不可想象的，直到19世纪末，罗马大奖赛才允许妇女参赛。但到这时，整个学院系统的地位已不复往昔。以19世纪法国为例，可以清楚看到，在这样一个或许拥有最大比例的女艺术家的国家里——就沙龙参展的艺术家总人数中妇女占比而言，"妇女不被接受为职业画家"。[12]在19世纪中期，女艺术家人数仅为男艺术家的三分之一，但就连这个还能稍稍鼓舞人心的数字也是具有误导性的。我们发现，在本就相对较少的人数中，没有人摸到过艺术成就的敲门砖——巴黎高等美术学院；仅7%的人接受官方的委托或担任公职，其中还可能算上了那些最低贱的工作；仅7%的人得过沙龙奖章，没有一个人得过荣誉军团勋章（Legion of Honor）。[13]考虑到妇女得不到支持，被剥夺了教育设施和奖励，我们几乎难以想象，即使这样还有这么多妇女坚持了下来，并以艺术谋生。

这样一来，为什么女性能够在文学领域与男性更加平起平坐，甚至成为创新者就很明了了。传统上，艺术创作要求在家庭之外的机构按部就班地学习各种特殊的技术和技巧，熟悉特殊的语词、图像志和主题，诗人和小说家则不需要经历这些。任何人，包括妇女，都必须学会语言，还可以学会阅读和写作，也就可以在自己的房间里把个人经历写到纸上。当然，这样的描述对伟大的文学创作的困难度和复杂性是一种过分简化，但不论对男人还是女人而言，这提示了为何艾米丽·勃朗特或艾米丽·狄更斯有存在的可能，以及为何在视觉艺术中缺乏与她们地位相等的人，至少直到最近都是如此。

显然，我们还没有详细说明那些成为重要艺术家所需要的"附加"条件。这些条件在心理和社会层面通常都不向妇女开放。即使我们假定她们在技艺上达到了必要的境界：在文艺复兴及以后，伟大的艺术家除参与学院的活动，通常还与人文主义学者圈子关系密切，可以与其中人士展开思想交流，适当地建立与赞助人的关系，四处云游，无拘无束，可能还会参与政治和阴谋。此外，我们也没有提及像鲁本斯（Peter Paul Rubens）那样运营大型工作室所需要的组织方面的聪明才智和能力。高度的自信和广博的知识，以及一种天生的、理所当然的支配力和权威感都是一个伟大的领导者所必须具备的能力。无论在控制画作的生产环节,还是管理和指导为数众多的学生和助手时都是如此。

女性的成就

与对学派或工作室领导者专心致志和富有献身精神的行为要求相对比,我们可以将19世纪的礼仪书中所建立的,并由当时的文学作品所强调的"女画家"形象作为对照,准确地说是将不高的、仅限于熟练的、自降身份为业余水平的绘画作为教育良好的年轻女子的一种"适合的才艺",她自然会把主要的注意力放在他人——家庭与丈夫——的幸福之上,这样妨碍了且仍在妨碍妇女真正取得成就。这里指的是:严肃的献身变成了无聊的沉溺。今天,忙碌的工作或职业活动比以往时代更多,在女性气质神秘的荒芜堡垒中,比以往任何时候都更容易扭曲关于艺术是什么以及艺术所担任的社会角色的观点。出版于19世纪中期前,在美国和英国广为流传的建议书《家庭与家务指南》(*The*

Family Monitor and Domestic Guide）中，爱利斯夫人（Mrs. Ellis）就告诫女性不要陷入在一件事上为了脱颖而出而过分努力的陷阱：

> 千万不要以为笔者提倡女性必须具备非凡的智力，尤其是在某一特定学科领域的造诣。"我想在某方面出类拔萃"是一个经常出现的，而且在某种程度上值得称赞的说法，但是，它最初起源于哪里，意图又是什么呢？对于一个女人来说，能把许多事情做得相当好，比能在某一件事情上出类拔萃价值要大得多。因为前者会使其表现得很全能，而后者或许只会让她昙花一现。如果在每一方面她都得心应手、处理得宜，那么她在生活中面对任何情况时都能保持尊严和放松；而如果她耗费时间专精一门，她或许会在其他方面一直保持无能。
>
> 聪明、学问和知识之所以值得追求，只是因为它们有助于女性提升道德品质，仅此而已。*所有那些会完全占据她头脑、使她忽视更美好之物的东西，所有那些会使她迷失于谄媚和爱慕的东西，所有那*

些会将她对别人的注意力转移到自己身上的东西，对她来说都是一种需要避免的邪恶，无论那些东西本身多么杰出或多么吸引人。[14]

不要笑，我们甚至还可以找到更晚近的案例。在贝蒂·弗利丹（Betty Friedan）的《女性奥秘》（*Feminine Mystique*）或近几期发行的受众广泛的女性杂志中，都引用了与上文观点一模一样的文字，这也许会刷新我们的认知。

当然，这个建议听起来很熟悉：在部分弗洛伊德主义（Freudianism）和社会科学中的一些陈词滥调的支持下，为女性的主要职业——婚姻所需要的全面人格做准备，以及深入参与工作而非性的做法被视为"非女性气质"，仍然是所谓"女性奥秘"的主要观点。这样的观点有助于保障男性在"严肃的"职业活动中免受不必要的竞争，并确保他在家庭中得到"全面的"帮助，从而，他在实现自己的专业才能的同时，也可以拥有性和家庭。

在绘画方面特别要提到，爱利斯夫人发现：对于年轻女士来说,绘画优势胜于其他艺术活动如音乐——画画是一种消遣烦恼的工作,它(绘画)安静,不会打扰别人(当然,雕塑并没有这个美德,而用锤子和凿子来取得成就,从来就不适合弱者的性别)。此外,爱利斯夫人还说:"它(绘画)在其他所有的职业中,最能使人不胡思乱想,最能使人保持那种作为社会和家庭责任的、部分的、大体上的愉悦心情……"她补充道:"它(绘画)也可以根据环境需要或个人意愿,随时暂停,或继续,而不会有任何严重损失。"[15]再一次,为避免产生在过去的100年里我们在这一领域取得了大量成就的错觉,我将在此引述一位出色的外科医生对女性参与艺术的评论。当谈到他的妻子及其朋友涉猎艺术的话题时,他轻蔑地哼着说:"好了,至少这让她们少惹麻烦!"今天仍与19世纪一样,女人的艺术"爱好"因其业余的性质和缺乏真正的全力投入,助长了那些从事"真正的"工作、事业有成的男人的轻蔑,他们可以不无道理地指出妻子在艺术活动中缺乏严肃性。对这些男人来说,妇女的"真正的"工作是直接或间接地为家庭服务,任何其他的付出都属于消遣、自私、自利,或者在不言而喻的极端情况下,被无情制止。这是一个恶性循环,在这个循环中,平庸与无聊相互强化。

在文学中,也如在生活中一样,即使女性以严肃、认真的态度投身艺术事业,人们也期望她为了爱情和婚姻而放弃这个事业:这个训诫在今天依然和19世纪一样,从女孩出生的那一刻起就被直接或间接地灌输给她们。即使是克雷克夫人(Mrs. Craik)在19世纪中期的作品《奥莉薇》(*Olive*)中描写的富有决心且成功的女艺术家——女主人公奥莉薇,一个独自生活,为成名和独立努力奋斗,并且的确用她的艺术养活了自己的年轻女性——这种非女性气质的行为至少在一定程度上可以因为这样的原因被谅解:她是一个残疾人,自然认为自己不可能有婚姻,然而她最终也免不了屈服于爱情和婚姻的甜言蜜语。用帕特里西亚·汤姆森(Patricia Thomson)在《维多利亚时代的女主角》(*The Victorian Heroine*)中的话来说,克雷克夫人在她的小说创作进程中始终满足于让她的女主人公慢慢地陷入婚姻,虽然读者从未怀疑过这些主人公终归是伟大的。

艾米丽·玛丽·奥斯本
无名亦无友　1857

布面油画
82.5 厘米 ×103.8 厘米

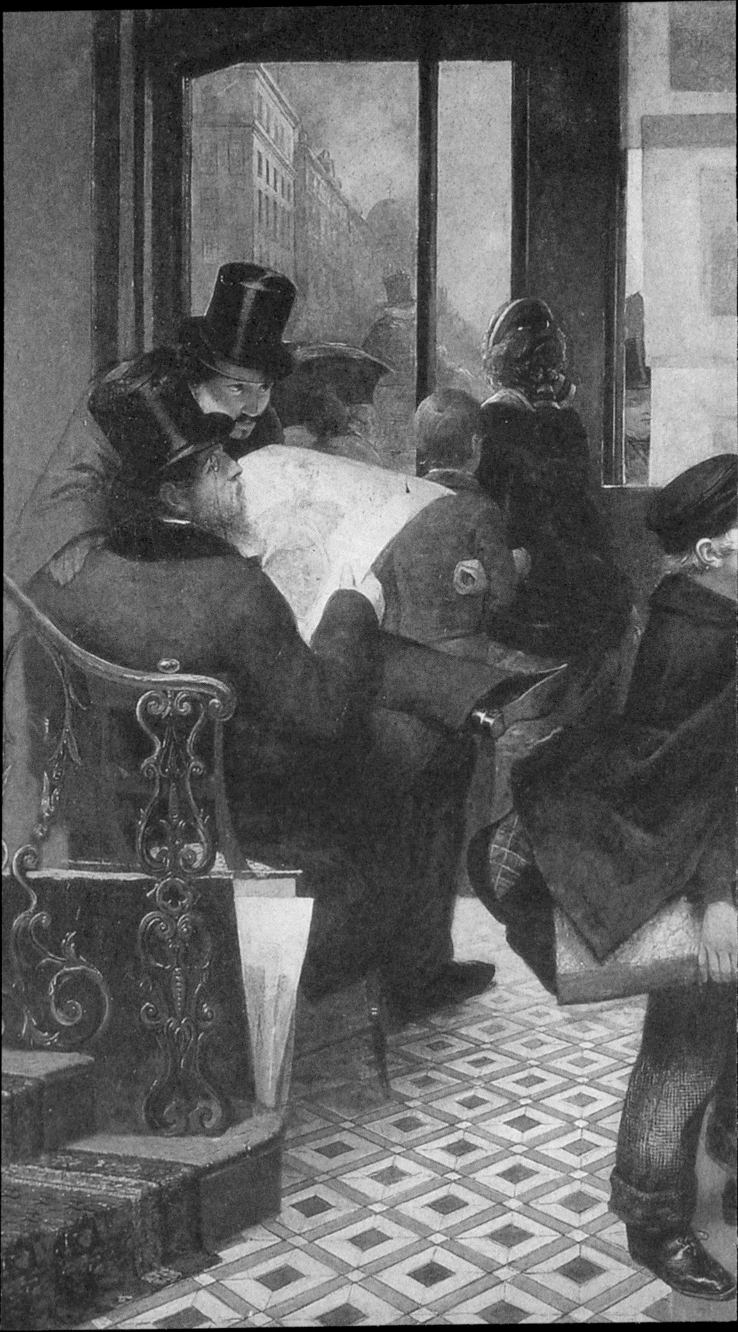

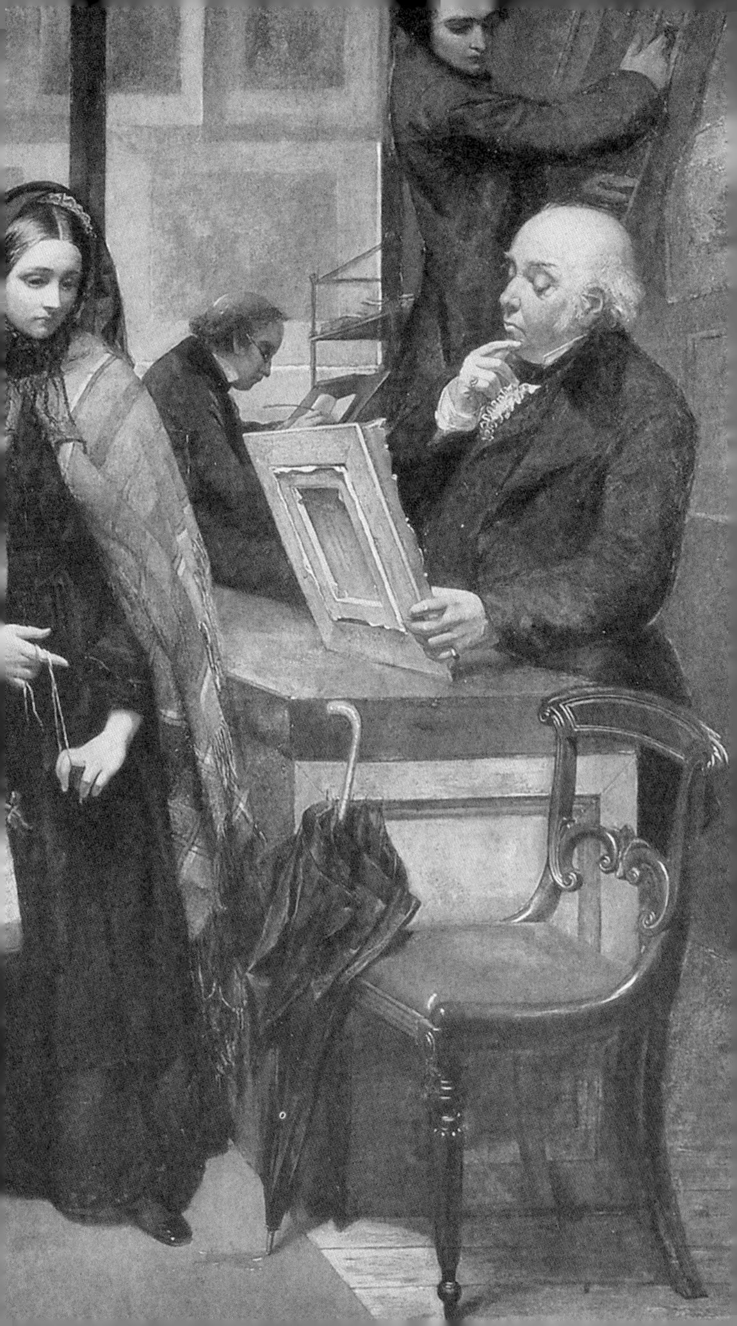

莫里斯·邦帕德
初次登台的模特 1881

布面油画
225 厘米 × 422 厘米

"关于奥莉薇,克雷克夫人冷静地评价道,她丈夫的影响是使苏格兰学院'失去了不知道多少伟大的作品'"。[16]那时和现在一样,尽管现在的男人比那时更"宽容",但是女性面临的选择似乎总是婚姻或事业,也就是说,以孤独为代价的成功,或是以放弃职业为代价获得性和伴侣。

没有人会否认,艺术上的成就和其他任何领域一样需要奋斗和牺牲;在19世纪中期,传统的艺术赞助制度和赞助机构不再履行惯有的义务以后,这一点更成为不争的事实:我们只需想想德拉克洛瓦、库尔贝、德加、凡·高和图卢兹 – 劳特累克这些伟大的艺术家,他们至少在一定程度上放弃了家庭生活中的娱乐和义务,以便能够更为专注地追求他们的艺术事业。但他们之中没有人因为这一选择 就失去了性或伴侣的快乐。他们也从不会认为自己会因为单身以及专注于事业上的成功而牺牲了自己的男子气概或性别角色。但如果上述艺术家碰巧是个女人,若要成为一个现代世界的艺术家,千年的罪恶、自我怀疑以及反对都会给她带来不可否认的困难。

就像19世纪中期一个有抱负的女艺术家艾米丽·玛丽·奥斯本（Emily Mary Osborn）有感而作的油画《无名亦无友》（*Nameless and Friendless*）中所表现的一个带有无意识嘲笑色彩的例子：油画表现了一个贫穷但可爱又得体的年轻女士站在一个伦敦艺术商人面前，紧张地等待着这个肥胖而傲慢的经营者对她的油画价值做裁决；与此同时，还有两个"艺术爱好者"抬眼注目，对她看个没完。这实际上与一些公开描绘情色的作品没有太大的区别，比如莫里斯·邦帕德（Maurice Bompard）的《初次登台的模特》（*Debut of the Model*）。这两者的主题都是关于甜美的女性天真无邪地暴露在世人面前。奥斯本绘画的真正主题在于，这位年轻的女艺术家如同那位忧郁的模特一般有着迷人的脆弱感，而不在于她作品的价值或她对作品的自豪感：像往常一样，此处的议题还是在于性，而非其他严肃主题。"永远只是一个模特，从不是一位艺术家"，或许可以视为19世纪那些严肃而有抱负的年轻女性的箴言。

贝尔特·莫里索
尤金·马奈在怀特岛（*Eugene Manet on the Isle of Wight*）　　1875

布面油画
38厘米×46厘米

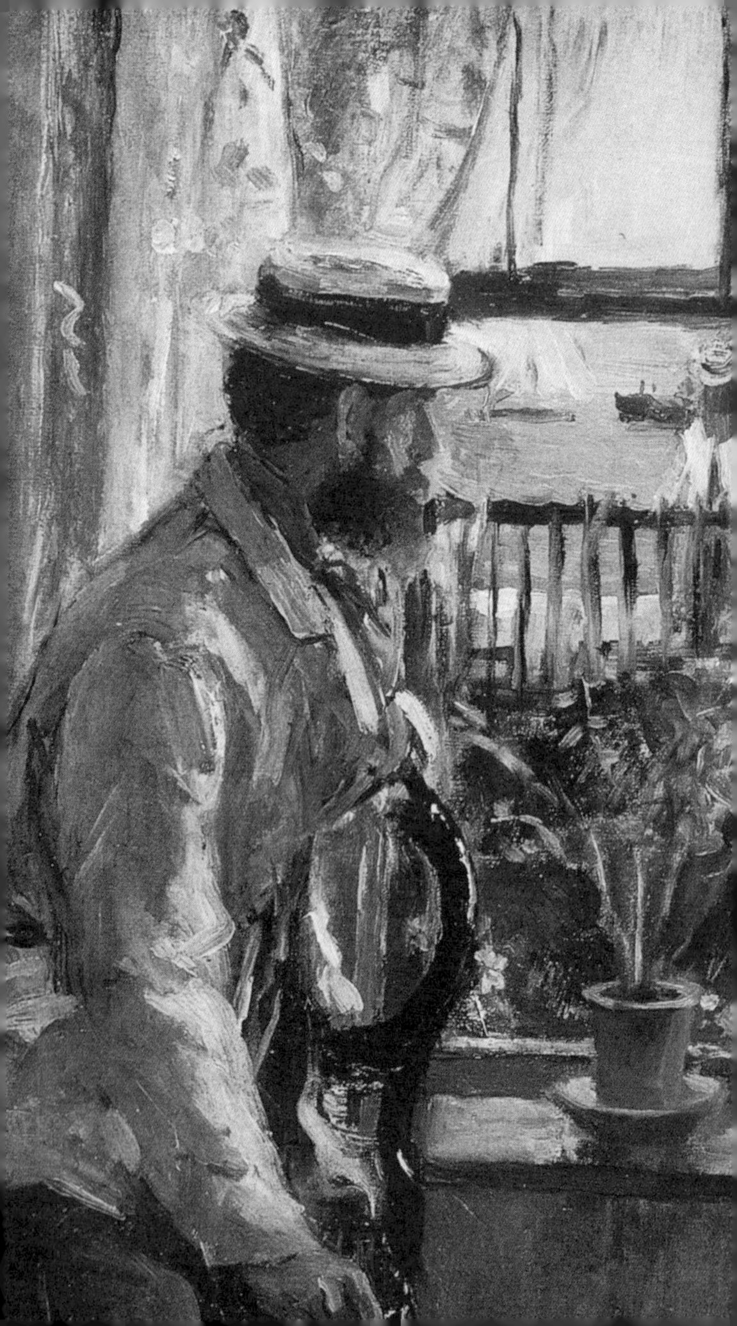

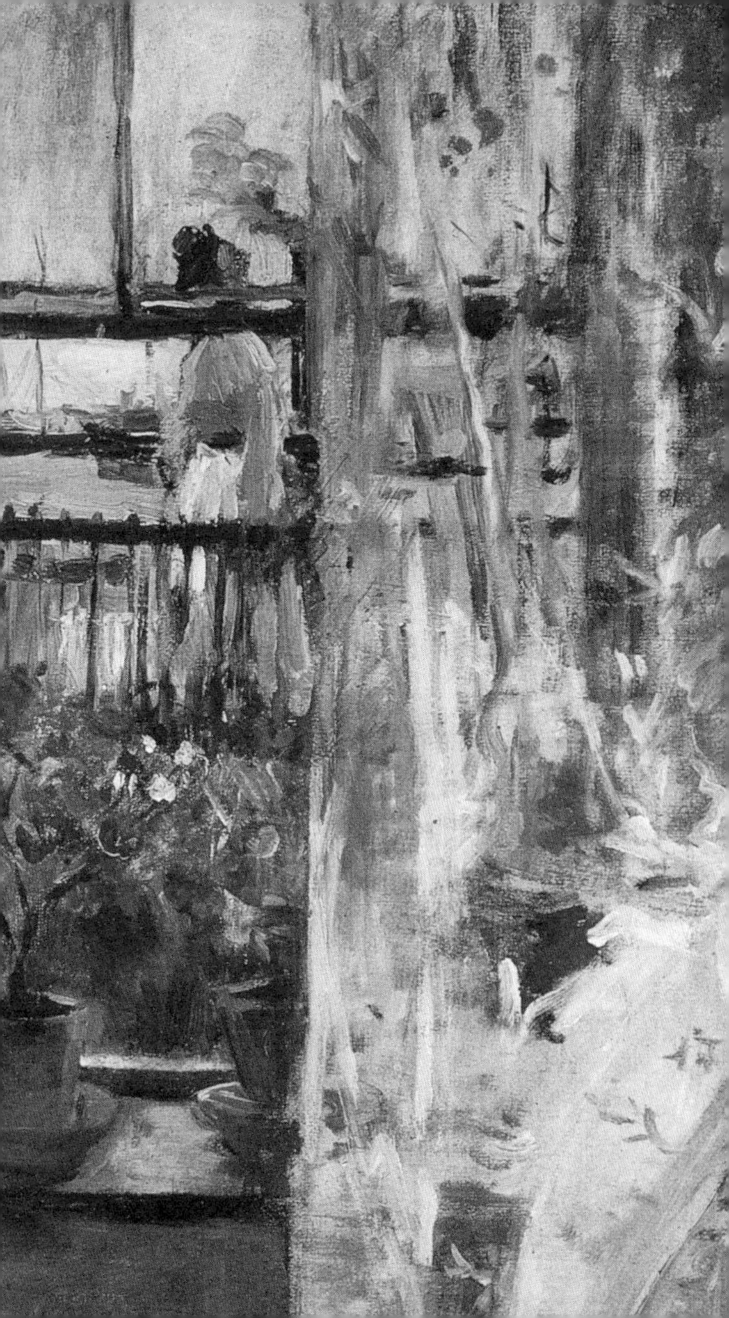

成功

在历史长河中,有这么一小群英勇的女性,她们终其一生不顾种种障碍,虽然没有达到米开朗琪罗、伦勃朗或毕加索那样的高峰,但仍取得了卓越的成绩。她们怎么样?她们作为群体或个人有什么特点吗?虽然在这篇文章中我无法对此展开深入探究,但我仍可以大致指出杰出的女艺术家通常具有的一些显著特点:她们要么是艺术家的女儿,要么如后来19世纪和20世纪时,与某位更强有力的或者更为主流的男性艺术家有亲密的私人关系,几乎毫无例外。当然,这样的特点在男艺术家中也并不少见,如前所述的父子艺术家。对女艺术家而言,至少直到最近,这一点依旧成立,几乎没有例外。从传奇的13世纪雕塑家萨比娜·冯·斯登巴赫——根据当地传说,斯特拉斯堡主教堂南入口的雕塑群由她负责创作，到19世纪最有名的动物画家罗莎·博纳尔，这样杰出的女艺术家还包括玛丽埃塔·罗布斯蒂（Marietta Robusti）[丁托列托（Tintoretto）的女儿]、拉维妮娅·丰塔纳（Lavinia Fontana）、阿特米西亚·真蒂莱斯基、伊丽莎白·雪隆（Elizabeth Chéron）、维吉-勒布朗、安杰里卡·考夫曼——这些人毫无例外都是艺术家的女儿。在19世纪，贝尔特·莫里索与马奈关系密切，后来与他的弟弟结了婚；玛丽·卡萨特（Mary Cassatt）的许多作品都参考了其密友德加的风格。19世纪下半叶，男性艺术家打破传统的关系纽带，摒弃了历史悠久的（父子相继的）惯例，走上了与他们的父辈截然不同的道路，这使得当时的妇女，在切实地克服了许多额外的困难后，也同样打破了家学传承的束缚。许多更晚近的女艺术家，如苏珊娜·瓦拉东、宝拉·莫得森-贝克（Paula Modersohn-Becker）、凯瑟·珂勒惠支或路易斯·内文森等人都来自非艺术家庭背景，尽管许多同时代和接近同时代的女艺术家都与同行艺术家结了婚。

调查慈爱的——如果算不上鼎力相助的父亲在女

性的职业发展中所起的作用是非常有趣的：比如，无论凯瑟·珂勒惠支还是芭芭拉·赫普沃斯，都回忆起在她们追求艺术的道路上得到过父亲难得的支持与鼓励。也可能有相反的情况，但由于缺乏完全的调查，我们只能得到女艺术家反抗父母权威的大致数据。女艺术家的反叛多少存在，反过来，男艺术家也一样。不过，有一点很清楚：无论过去还是现在，一个选择了事业，更不用说还以艺术为事业的女性，多少都有些打破常规；无论女艺术家反叛家庭还是从家庭得到支持，她都必须有强悍的性格使她在艺术世界奋斗下去，而不是屈服于社会所认同的妻子与母亲的角色，即社会指定给她的唯一角色。无论多么隐蔽，唯有采取"男子气概的"特性，即为了自己的命运，专心致志、集中精神、坚韧不拨、热衷于理想和技巧，女性才能在艺术世界取得成功，并保持成功。

罗莎·博纳尔

详尽地考察有史以来最成功和最有成就的女画家之一——罗莎·博纳尔（1822—1899）是很有意义的。她的作品虽然由于趣味的变化和某种公认的缺乏多样性而在评价方面受到了影响，但仍然在19世纪艺术史上取得了引人注目的成就。博纳尔是一位女画家，一定程度上，因为她隆盛的声誉，在她身上所发生的种种冲突，以及她的性别及职业所导致的种种内部与外部的典型矛盾和斗争，都十分引人注目。

罗莎的成功确立了制度和制度变革的作用。二者即便不是取得艺术成就的充分条件，也是必要条件。我们可以说，博纳尔挑选了一个幸运的时代成为艺术家，同时她也有作为女性的劣势：她于19世纪中期开始受人赏识，那时，传统的历史画与很少矫饰、更为无拘无束的风俗画、风景画和静物画形成对立、相互斗争,后者轻而易举地取得了胜利。社会和制度对艺术的支持也在发生着重要的变化:随着中产阶级的兴起和有教养的贵族的衰落,关于日常生活主题的小幅绘画取代了宏伟的神话题材或宗教历史画,需求甚众。用怀特(White)的话说:"就算有300个地方博物馆,可能还有政府创作公共作品的委托,但大量激增的画作的唯一去处是预付得起价格的中产阶级家庭。历史画从未,也不会在中产阶级的客厅里舒适安身。'次要的'图像艺术形式——风俗画、风景画和静物画——挂在那里则非常适合。"[17] 19世纪中叶的法国,正如17世纪的荷兰,艺术家们倾向于通过专精一技,毕生从事一种特定主题的绘画,来在不稳定的市场中取得一种保障:如怀特指出的,动物画是当时非常流行的主题,而博纳尔无疑是最为完美和成功的实践者。名气能与之相当的后继者只有巴比松(Barbizon)画派的特罗杨(Constant Troyon,他曾因其牛群画供不应求而雇佣另一位艺术家来为他画背景)。罗莎·博纳尔声誉渐起的同时,巴比松风景画家也大受欢迎。他们得到精明的画商杜兰-鲁埃（Durand-Ruel）家族的支持，该家族接下来又支持了印象派。按照怀特的表述，杜兰-鲁埃父子属于最早一批开拓不断扩大的中产阶级可移动装饰市场的画商。罗莎·博纳尔的自然主义，以及捕捉动物个性——甚至其"灵魂"的能力，都迎合了当时中产阶级的趣味。相同特质的组合，加上浓厚的伤感情调与感情误置（pathetic fallacy），同样造就了与她同时代的英国动物画家兰西尔的成功。

身为一位贫穷画家的女儿，罗莎·博纳尔很早就自然而然地显示出她对艺术的兴趣，同时，她精神上的独立自主和行为上的无拘无束，立即为她带来了"假小子"的标签。根据她本人后来的叙述，她"男性气概的叛逆心理"很早就出现了。可以设想，19世纪下半叶，在某种程度上，任何的坚持、固执和精力充沛的表现都可以被视为"男性气概"。罗莎·博纳尔对她父亲的态度多少有些模棱两可：在意识到他影响巨大，引导她走上终身事业方向的同时，她无疑也憎恶他疏忽了她亲爱的母亲。在她的回忆录中，她半开玩笑又半怀深情地揶揄了他古怪的社会理想主义。她的父亲雷蒙德·博纳尔（Raimond Bonheur）曾是短命的圣西门公社（Saint-Simonian）的活跃成员，该公社成立于19世纪30年代，由安凡丹（Enfantin）神父在巴黎梅尼尔蒙特（Menilmontant）创立。虽然在罗莎·博纳尔的晚年，她可能会取笑该公社的一些成员颇为离谱的怪癖，并且不满于她父亲的传道者身份带给她那不堪重负的母亲额外的压力，但显然，圣西门学派男女平等的理念——他们不支持婚姻，以身穿女性裤装作为一种解放的标志，他们的精神领袖安凡丹神父为寻找一位女性弥赛亚来与他一同管理公社和学派付出了超常的努力——从她童年时起就给她留下了深刻的印象，很可能也影响了她日后的行为方式。

"为什么我就不该以身为女性而骄傲呢？"她对一位采访者大声质问道，"我的父亲，这位对人道无比热忱的传道者，多次对我重申：女性的使命是提高人类的地位，她们是未来的弥赛亚。正是他的这些教诲，使我对我的性别怀有伟大而崇高的抱负。我骄傲地宣告我自己的性别，并将支持女性独立，直到我死去的那一天……"[18]当她还是个孩子时，他便向她灌输要超过维吉-勒布朗的雄心壮志,这无疑是她所能追随的最杰出的榜样。他也对她早年的努力给予尽可能的支持。同时,目睹她那任劳任怨的母亲逐渐因劳累过度和穷困潦倒而衰弱,这一切或许对她产生了更现实的影响,使她下定决心要把握自己的命运,永不成为丈夫与孩子的奴隶。特别有趣的是,现代女性主义认为:罗莎·博纳尔的能力来自最强劲和不加辩解地反对男权,加上泰然自若、自相矛盾地宣称"基本"的女性化主张。

在弗洛伊德学说出现之前,那个坦率得惊人的时代,罗莎能够向她的传记作者解释道,她从不想结婚是因为害怕失去自己的独立性。她坚持认为:太多的年轻女性让自己像羔羊一样被献上祭坛。然而,在她拒绝使自己步入婚姻,并由此暗示所有进入婚姻的女人都会不可避免地丧失自我的同时,她又与圣西门学派成员不同,认为婚姻是"社会组织不可或缺的圣礼"。

在对求婚者保持冷漠的同时,她与一位叫作娜塔莉·米卡斯的女艺术家同僚建立了一种公开的、终生的且显然是柏拉图式的关系,后者无疑为她提供了她所需要的陪伴与情感温暖。这种志趣相投的友谊关系似乎并没有像婚姻那样必须以牺牲对事业的全身心投入为代价:无论如何,在可靠的避孕措施出现之前,这样的安排对于希望避免因孩子而分心的女性而言是有利的。

然而,就在她直白地拒绝那个时代传统的女性角色的同时,罗莎·博纳尔仍然陷入了贝蒂·弗利丹所说的"褶边衬衫综合征"。这种用女性化外观保护自己的想法,直到今天都还能迫使许多成功的女精神科医生或教授穿上一些极为女性化的衣服,或者坚持证明她们的烹饪能力。[19]尽管罗莎·博纳尔很早就剪短了头发,并像乔治·桑那样日常穿着男人的服装——乔治·桑的乡村浪漫主义也对她的想象力产生了巨大的影响,但她对她的传记作者坚称,而且毫无疑问她也如此真心地认为,她之所以这么做只是因为她职业上的特殊要求。她愤怒地否认关于她年轻时曾打扮成男孩在巴黎大街上奔跑的谣言,并骄傲地给传记作者看了一张她16岁时的照片。照片里,她穿着完全符合传统女性时尚的服装，除了头发有些短。对此她辩解称，这是母亲去世后她所采取的切合实际的措施。"还有谁会打理我的卷发呢？"她质问道。[20]

至于男性化的穿着这个问题，她很快就否认了对方关于她的裤子象征着解放的暗示。"我强烈谴责那些为了让自己看起来更像男人而放弃典型女式穿着的女性，"她肯定地说，"如果我发现裤子适合我的性别，我会扔掉我全部的裙子，但情况并非如此，我也从未建议过同样从事绘画行业的姐妹在日常生活中穿男装。所以，如果你看到我这么穿，我根本不是像大多女人所做的那样，是为了使自己更加引人注目，而是为了方便我的工作。别忘了，有一段时间我曾夜以继日地待在屠宰场里。的确，出于对艺术的热爱而生活在血泊之中……我对马也很着迷，还有什么地方比集市更适合研究这些动物呢？我必然意识到我自己女性的服装是完全不合适的。这就是为什么我决定请求警察局局长允许我穿男性服装的原因。[21]但我现在穿着的服装只是我的工作服，仅此而已。那些傻瓜说的话从来没有困扰过我。娜塔莉（她的伴侣）和我都会拿这些人来开玩笑。看到我穿得像个男人,她一点也不介意,但如果我哪怕感觉有一丁点儿的不舒服,我随时准备好穿上裙子。况且,我所要做的就只是打开衣柜,找出一整套女性服装即可。"[22]

同时,罗莎·博纳尔不得不承认:"我的裤子一直是我最好的保护伞……很多次,我都为自己敢于与传统决裂而感到庆幸。那些传统会迫使我放弃某些工作,因为它们会要求我拖着裙子到处走来走去……"然而,这位著名的艺术家再一次感到有必要用一种并不恰当的"女性气质"观来矫饰这一诚实的剖白:"尽管我穿着另一类性别的服装,但没有一个夏娃的女儿能比我更了解礼仪中的细节。我粗鲁无礼的,甚至有点不爱交际的性格从未妨碍我保持完全女性化的内心。"[23]

究其一生,罗莎·博纳尔花了大量的时间辛勤研究动物解剖,在最令人不适的环境中孜孜不倦地描绘牛或马的题材,在漫长的职业生涯中勤勤恳恳地创作了大量流行的油画作品,保持一种坚定、可靠和无可争议的男性气概的风格,曾获巴黎沙龙的第一勋章、法国荣誉军团军官勋位勋章(Officer of the Legion

罗莎·博纳尔
马会
1852—1855

布面油画
224.5 厘米 × 506.7 厘米

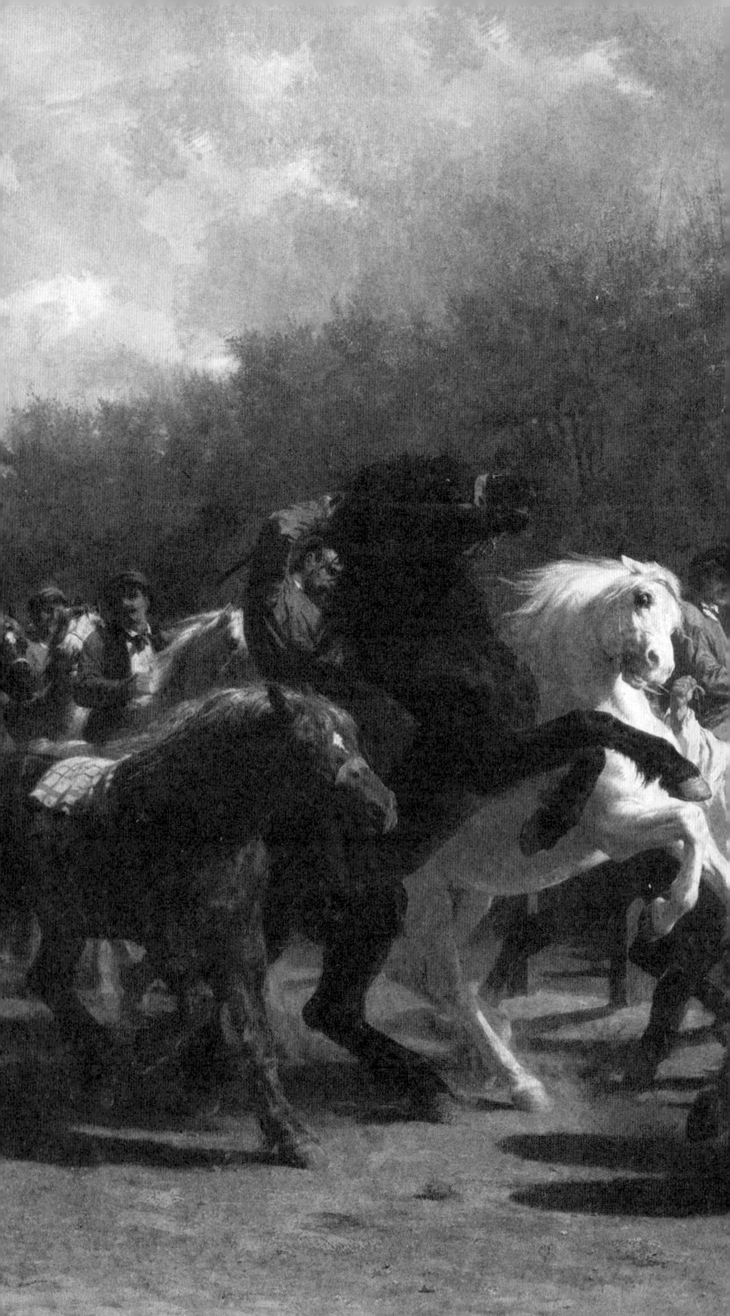

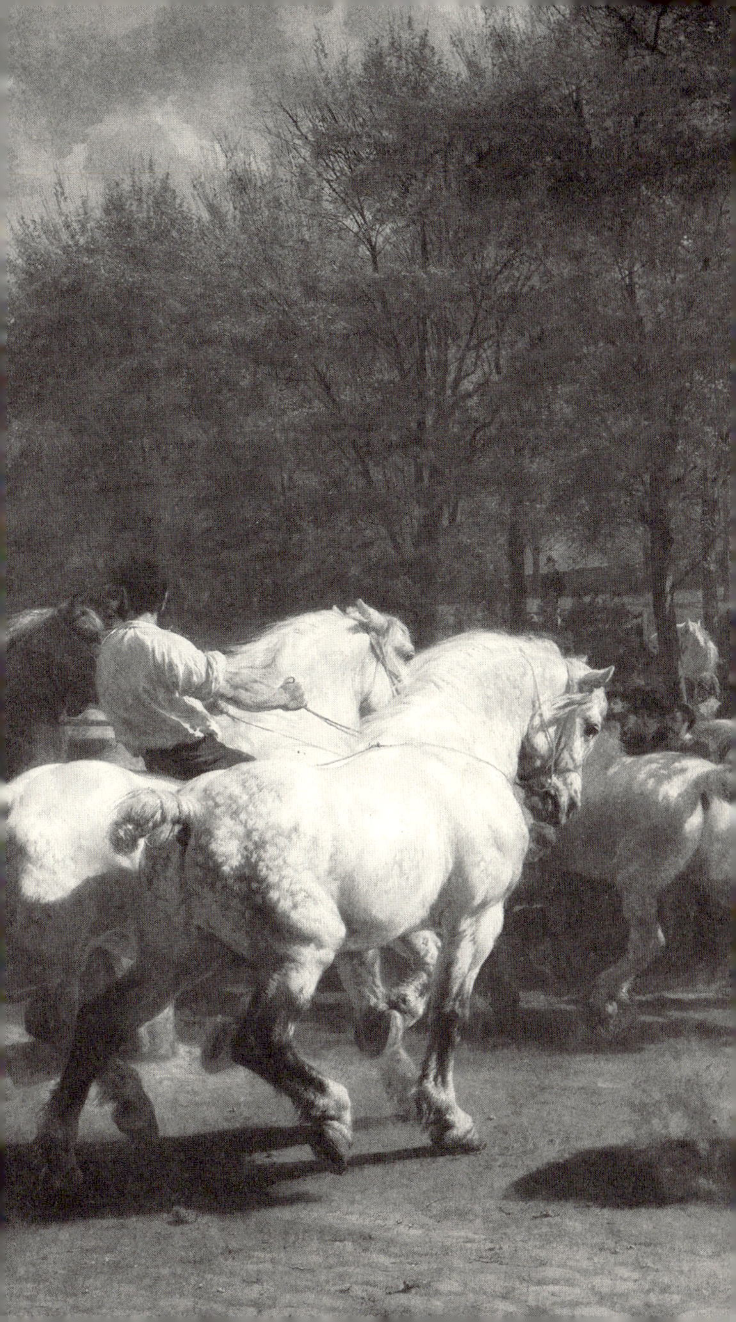

of Honor)、天主教伊莎贝拉指挥官级勋章（Order of Isabella the Cathdic）、比利时利奥波德骑士勋章（Order of Leopold），还是维多利亚女王的朋友。颇为可悲的是，无论出于什么原因，这位举世闻名、取得高度成功的艺术家在晚年却感到不得不为她那合乎情理的男性化生活方式做辩护或使其合理化，同时还不得不去攻击那些也穿裤子却不甚谦卑的姐妹，以缓解自己内心的愧疚。在她的内心深处，尽管她有来自父亲的支持、不因循守旧的行为举止和举世闻名的荣誉，她的良知却仍然为她不是一个具有"女人味"的女人而自我谴责。

这样的要求给女艺术家带来的困难，甚至在今天仍在继续使她们本已艰难的事业雪上加霜。例如，比较一下著名的当代艺术家路易斯·内文森，她对事业全身心的、"非女性化"的奉献和她明显的"女性化"假睫毛相互结合：她承认，尽管她确信自己的生活不能没有艺术创作，但她17岁就已经结婚了，因为"全世界都在说你应该结婚"[24]。即使就这两位杰出的艺术家而言——无论我们是否喜欢《马会》，我们仍然必须钦佩罗莎·博纳尔的成就——女性迷思之声，夹杂着自恋和罪恶感的矛盾融合，内化并微妙地稀释和颠覆她内心的绝对自信，这种绝对的信念和决绝，无论道德还是审美上的，都是最高和最具创造性的艺术作品所必须具备的。

结 论

　　本文首先审视了"为什么没有伟大的女艺术家?"这个问题所基于的整个错误的底层知识结构;其次,对总体上所谓"问题"的提出,尤其是"女性问题"的提法的有效性提出质疑;随后探索了艺术史学科本身的一些局限性。借此,我已尝试解决一个长期存在的问题,这个问题被用于挑战女性对真实平等而非象征性平等的需求。但愿,通过强调艺术领域内取得成就的制度性(即公共的而非个体的或私人的)先决条件之存在与缺乏,我能为该领域其他方面的研究提供范例。本文随后详细考察了女性在艺术领域中缺失之物或不利因素的单个例子——女性艺术学生不能画裸体模特——就此我得以指出,从制度上看,女性的确不可能与男性站在同一起跑线去取得艺术上的卓越成就或成功,无论她们所谓的才能或天赋有多高。纵观历史,一小群倘若算不上伟大,但确实称得上成功的女艺术家的存在,并不能否认上述事实,就像在任何少数群体成员中都会存在一些超级明星或标志性成功人士一样。虽然伟大的成就本就很罕见且又十分难以取得,但当你在工作中还必须同时与内部自我怀疑和内疚的心魔搏斗,与外界对你的嘲弄或傲慢的鼓励抗争,而二者都与艺术本身没有具体关系,伟大的成就无疑会更加罕见和难得。

重要的是,女性要正视她们真实的历史与现状,既不一味辩解,也不粉饰平庸。劣势可能确实是一个借口,但不管怎样,它总不是一种知识立场。相反,利用自身在宏大领域里处于劣势地位、在意识形态领域里处于局外人地位的有利条件,女性可以揭示制度和学术上的普遍不足,并在摧毁错误意识的同时,参与到制度的创建中来。在这些制度下,清晰的思想和真正的伟大是对任何人都开放的挑战——无论男性还是女性,只要你足够勇敢,敢于承担必要的风险,跃入未知世界。

"为什么没有伟大的女艺术家?" 30年以后

载《千禧时代的女艺术家》(*Women Artists at the Millennium*),
2006

我想把时间倒回到1970年11月,那时还没有女性研究,没有女性主义理论,没有非裔美国人研究,没有酷儿理论,没有后殖民主义研究。只有"艺术1"(Art 1,美国高中多媒体艺术导论课程)和"艺术105"(Art 105,美国大学艺术概论课程)——它们组成一张关于伟大艺术的无缝之网,通常称为"从金字塔到毕加索"——在全国各地的昏暗教室内行云流水般展开,颂扬有史以来伟大的(当然也是男性的)艺术成就。在记录在案的艺术期刊中，比如《艺术新闻》[1]，在81篇有关艺术家的主要文章中，仅有2篇是关于女画家的。在下一年里，84篇文章中，有10篇是关于女性的[2]，然而这里面包含了1月份女性特刊上的9篇文章，其中就有《为什么没有伟大的女艺术家？》；若没有这个特刊，84篇中将只有1篇是讲女艺术家的。《艺术论坛》（*Artforum*）的1970—1971年刊做得稍微好一点：74篇文章中有5篇是关于女性的。

　　学术界和艺术界的形势确实发生了变化，我想把我的注意力集中到这些变化上。这是一场并非通过一篇文章或一次事件就能够实现的革命，而完全是一件公共事务，由多种因素决定。《为什么没有伟大的女艺术家？》是在1970年妇女解放运动兴起时那些激动人心的日子里构想出来的，它具有那个时期所共有的政治热情和乐观精神。它至少部分基于前一年的研究，当时我在瓦萨学院主持了第一个关于女性与艺术的研讨会。它计划发表于最早的女性主义运动学术论文集之一——由维维安·贡尼克（Vivian Gornick）和芭芭拉·莫兰（Barbara Moran）编辑的《性别歧视社会中的女性》

(*Women in Sexist Society*),但在此之前,它以一篇有大量插图的文章形式,在由伊丽莎白·贝克(Elizabeth Baker)编辑的、具有先锋性和争议性的《艺术新闻》女性特刊上首次面世[4]。

早些年间,艺术界女性运动的目标和目的是什么?一个首要的目标就是要改变或取代传统的、几乎完全由男性主导的"伟大"概念本身。在20世纪50到60年代的美国曾重新掀起了一场对于"伟大"这一文化理想不寻常的、历史上最近一次的推崇。我必须承认,在写这篇文章的时候我还没有意识到它的发生,但是它一定影响到了我对这个问题的思考。正如路易斯·曼南德(Louis Menand)最近在《纽约客》(*New Yorker*)上为1951年成立的读者订阅图书俱乐部写的一篇文章中所指出的那样:"使这些论文[由莱昂内尔·特里林(Lionel Trilling)、W.H.奥登(W.H. Auden)和雅克·巴赞(Jacques Barzun)这样公认的专家所写,用于图书俱乐部选集的前言]显得古老的原因,并不是因为它们比当代批评写得更好,或是对'理论'的关注更少。而是因为它们对'伟大'的不断追求。它几乎成了一种倚仗,就好像'它有多伟大?'是人们开始谈论一件艺术品的唯一方式。"[5] 与伟大的观念相联系的是这样的看法,即伟大是不可改变的,是白人男性及其作品的专属物,尽管后者并没有被明确说明。二战后,伟大被建构成一种文化斗争中与性别相关联的特征,在这场斗争中,提升"知识分子"的地位是冷战时期的首要任务,"那时,一个主要的战略关切是对西欧败给共产主义的恐惧"[6]。

今天,我相信可以肯定地说,艺术界的大多数人并不愿意去忧虑什么是或什么不是"伟大的",他们也不会经常强调重要的艺术与男性气概或阳具之间的必要联系。男孩是重要的艺术家,女孩则被定位为有鉴赏力的缪斯或追星族,这种情况已一去不返。重点发生了变化——从阴茎的"伟大"转变为富有创新性,制作有趣的、具有启发性的作品,产生影响,让别人听到自己的声音。对杰作地位的强调越来越少,更多地关注作品本身。虽然"伟大"可能是艺术讨论中十分重要的一种简略表达方式,但在我看来,它总是冒着蒙昧主义和故弄玄虚的风险。"伟大"也好"天才"

也好，同一个词，又怎能同时解释米开朗琪罗和杜尚（Duchamp），或者再小一点的范围内，马奈和塞尚，这些艺术家的特点和长处呢？关于当代艺术的话语已经发生了变化。伟大，就像美一样，似乎都不再是后现代主义的议题，而"为什么没有伟大的女艺术家？"正好与后现代主义的到来相吻合。

理论对艺术叙事，尤其对女性主义叙事或性别叙事的影响是另一个变化。当我写作《为什么没有伟大的女艺术家？》的时候，这套理论在当时的艺术史界尚未以现在被接受的形式存在，或者即使存在，我也没有意识到：法兰克福学派——没错；弗洛伊德——在某种程度上；但就我所知，拉康（Lacan）和法国女性主义还只是刚刚冒头。在学术界内，以及一定程度上在艺术界内，这种影响是巨大的。显然，它改变了我们对艺术、性别和性本身的思考方式。它对艺术中女性主义政治的影响也许更为模糊，需要斟酌。毫无疑问，它将广大的公众与懂行的艺术史家和艺术批评家所讨论的大量热点问题隔绝开来。

如果说伟大艺术家的理想不再像过去那样重要，

尽管如此，仍有这样一些亟待关注的艺术家具有非凡的、大规模的、长时期的艺术职业生涯，近年来，一些女艺术家的作品中也出现了一些老式的宏伟风格。首先是琼·米切尔（Joan Mitchell）的创作，她的作品有时被贬低为"第二代"抽象表现主义，其言下之意为她不是一位创新者或者她缺乏原创性，而原创性又是现代主义作品伟大之处的根本标志。但为什么不能把这种滞后性看作一个高潮，一种以前就有的绘画抽象风格的高潮呢？想想约翰·塞巴斯蒂安·巴赫（Johann Sebastian Bach）与巴洛克复调传统的关系吧；《赋格的艺术》（*The Art of Fugue*）可能创作于一种风格的末期，但它无疑是终章中最宏大的，这时，人们也不那么重视原创性。或许，有人会认为，米切尔的地位相当于贝尔特·莫里索在传统印象主义中的地位，在她这里，所有这一运动中隐含的因素都得到了进一步发展。

在我们这个时代的另一位重要人物路易斯·布尔茹瓦的案例中，我们遇到了一个相当不同的情况：其革新程度不亚于某些女性主义或至少与性别相关的头等大事中所发生的原则转变。布尔茹瓦的作品引发了大

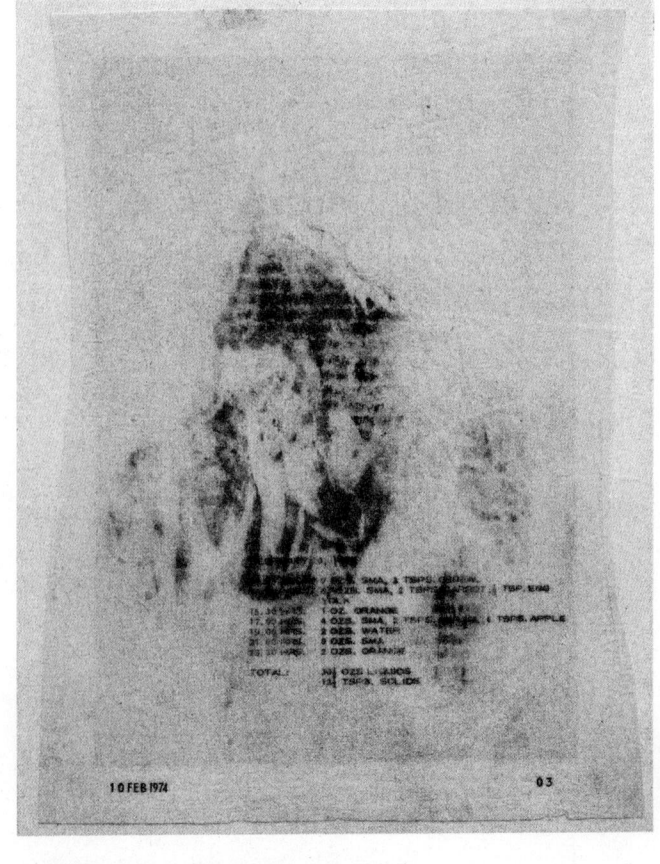

玛丽·凯利
产后文献：文献 1. 分析粪便污渍和喂养图表　1974

有机玻璃配件、白色卡片、尿布衬里、塑料、床单、纸、墨水、31 个组件之一
35.5 厘米 ×28 厘米

量批判性论述的出现,这些论述的作者大多是以理论为基础的女作家如罗莎琳·克劳斯(Rosalind Krauss)、米格农·尼克松(Mignon Nixon)、安妮·瓦格纳(Anne Wagner)、格里塞尔达·波洛克、米克·巴尔(Mieke Bal)、布里奥尼·菲尔(Briony Fer)等。因为布尔茹瓦改变了整个雕塑观念,包括作为作品中心的身体性别表征问题。此外,关于布尔茹瓦的论述绕不开我们这个时代两个主要的"后伟大"争论焦点:传记在解读艺术作品中的作用,以及不幸、黏性、无形式和多形式的新的重要性。

布尔茹瓦作品的特点是,关于雕塑本身之物质性和结构的观念以及想象的诡异突变。自然,这个特点给观看她的作品带来了问题。事实上,正如亚历克斯·波茨(Alex Potts)(在这种情况下,我将他视为一位荣誉女性)所说:"路易斯·布尔茹瓦的作品中更具特色和有趣的特点之一是它呈现了如此生动的心理动力学(psychodynamics)的观察方式。"他接着说:"她似乎对观众在现代画廊环境中与三维艺术作品相遇的结构,以及在观众和作品之间的这种互动中激发的精神幻想形式有着不同寻常的兴趣。"[7]

值得注意的是，尽管布尔茹瓦从20世纪40年代起就开始创作了，但直到70年代，随着妇女运动的兴起，她才真正得到重视和认可。我记得在一个早期的大型妇女会议上，我和她一起走到我的座位上，并告诉她我打算把一幅19世纪的摄影作品《买我的苹果》(*Buy My Apples*)和一幅男性的同类题材作品——好吧，也许是《买我的香肠》(*Buy My Sausages*)——匹配在一起。布尔茹瓦说："为什么不是香蕉呢？"于是，一个符号诞生了——至少我认为它是这样发生的。

年轻一代的女艺术家经常用微妙或激烈的方式来破坏具有代表性的共同信念（古希腊语：*doxa*）。例如，玛丽·凯利（Mary Kelly）在她富有创新精神的《产后文献》(*Post-Partum Document*)中一项最重要的成就是，她通过将污迹还原为尿布表面的婴儿粪便的方式，清晰明白地阐释了克莱门特·格林伯格（Clement Greenberg）的名言，即现代主义艺术目的论的最后一步只是画布表面的污点。另外一个例子是辛迪·舍曼（Cindy Sherman）所推出的电影剧照，它们使这一传统的艺术类型变得奇怪；又在后来用一个怪诞、累赘、可怜的形象打破了身体作为一个整体、自然、连贯的实体的观念。然而，我敢说舍曼的照片也创造了一种新的强烈的与美对立的现象，这使得贝尔默（Bellmer，以怪诞的玩偶摄影作品著称——编者注）看起来很"田园牧歌"，尤其动摇了德·库宁和杜布菲（Dubuffet）等颠覆了典型女性气质画家的地位。

另一个业已发生的深刻变化是妇女与公共空间及公共纪念碑的关系。这种关系从现代之初就存在问题。我们习惯用语的不对称性就告诉了我们这一点。一个"公共的男人"（a public man）[正如理查德·森尼特（Richard Sennett）的《公共人的衰落》(*The Fall of Public Man*)]是一个令人钦佩的人，他在政治上活跃，参与社会活动，广为人知，受人尊敬。与此相反，一个"公共的女人"，是最底层的妓女。在历史上，妇女被限制在家庭范围内并与之紧密关联，无论是在社会理论还是在绘画表现方面都是如此。

20世纪，随着"新女性"的出现，形势确实开始改变了，尽管步履蹒跚。这些变化包括劳动妇女和选举权运动,以及妇女——当然,数量有限——进入公共的商业和职业领域。然而,这种变化更多地反映在文学上,而非在视觉艺术中。正如黛博拉·帕森斯(Deborah Parsons)在她对此现象的重要研究《大都市街头漫步——女性、城市和现代性》(*Streetwalking the Metropolis: Women, the City and Modernity*)一文中所证实的,类似于多罗西·理查森(Dorothy Richardson)的《朝圣》(*Pilgrimage*)或维吉尼亚·伍尔夫的《夜与日》(*Night and Day*)或《岁月》(*The Years*),这样的小说表现了妇女以一种更新、更自由的方式融入城市——作为观察者、漫游者、工人、咖啡馆和俱乐部的常客、公寓居民、城市公共空间的看客和协商者,并在没有文学或其他方面传统的情况下开辟了新的局面。

但是,直到20世纪60年代末和70年代初,妇女作为一个群体,作为活跃者而不只是闲游者(法语:*flaneuses*),才真正为她们自己接管了公共空间,为争取女性控制自己身体的权利而游行,就像她们的祖母为自己争取选举权而游行一样。而且,正如卢克·纳达尔(Luc Nadal)在其2000年哥伦比亚大学的论文《关

瑞秋·怀特瑞德
大屠杀纪念碑（*Holocaust Memorial*）
2000　维也纳犹太广场

混凝土，380厘米×700厘米×1000厘米

珍妮·豪尔泽
奥斯卡·玛利亚·格拉夫纪念咖啡馆
慕尼黑 1997

于美国1960—1995公共空间的讨论:一次历史批判》(Discourse of Public Space: USA 1960-1995: A Historical Critique)中所指出的那样,"公共空间"一词恰是在此时才开始被建筑师、城市设计师、历史学家和理论家使用,这并非巧合。纳达尔说:"'公共空间'在20世纪60年代的兴起,响应了规划和设计话语中心的转变。"纳达尔将这一进程与"20世纪60年代和70年代早期广大的文化及政治解放运动"联系起来。正是在这种文化及政治自由解放的背景下,我们必须承认女性不仅仅是公共空间中一种可见的存在,而且实际上,她是一个显眼的、独创的公共空间塑造者和建构者。今天,女性在公共雕塑和城市纪念碑的建造中发挥着主要作用。而且,这些纪念碑是一种新的、不同的类型,与过去的纪念碑不可同日而语,往往成为争议的中心。有些人称其为"反纪念碑"。比如,瑞秋·怀特瑞德(Rachel Whiteread)在伦敦一个冷僻的地方重建了一所破旧的房屋,将建筑内外倒转,引起了公众的强烈反响和舆论。作为临时的"反纪念碑",它后来在争论双方不相上下的意见中被摧毁。怀特瑞德最近

（2000年）在维也纳犹太广场设计的《大屠杀纪念碑》彻底颠覆了主题和形式，不仅迫使观众去思考犹太人的命运，而且也通过将纪念碑放置在维也纳中心——犹太人被屠杀的主要地点之一，迫使观众去反思纪念碑本身的意义。

珍妮·豪尔泽（Jenny Holzer）既使用了文字，又使用了传统和非传统的材料，创作出颇具争议的公共作品，在慕尼黑和莱比锡引起了震惊。1997年，她为德国诗人奥斯卡·玛利亚·格拉夫（Oskar Maria Graf）设计了《奥斯卡·玛利亚·格拉夫纪念咖啡馆》，这是一间真实运转的咖啡馆，开设在慕尼黑的文学馆（Literaturhaus）。借用博士生利亚·斯威特（Leah Sweet）的话来说，这是一个"拒绝通过诗人肖像或关于他生活和工作的传记描述来展示其主题的概念性纪念碑"。更确切地说，格拉夫的诗歌是通过对他作品的摘录来得到体现的，这些摘录由豪尔泽挑选，分散在咖啡馆的各处。较短的摘文出现在盘子、餐垫和杯垫上，这是对人们可能会称其为"家庭蹩脚版纪念模式"的讽刺性使用。

林璎
妇女桌
1993　康涅狄格州纽黑文耶鲁大学

在这些创造了具有新意义的新式纪念碑的女性创作者中,林璎(Maya Lin)可能是其中最重要也最著名的一位。尤其在于,她用全新的、从未尝试过的方式在公共场所传达意义和感受。林璎用自己的话语,最好地表达出了蕴含于她那最广为人知的纪念碑中的非传统意图,以及所达成的"反纪念碑"效果:"我想象着拿起一把刀,剖开大地,这最初的暴力和痛苦迟早会愈合。草会重新长出来,但原始的割痕将以一个深入大地、表面抛光如镜的纯粹平面保留下来……就以纪念碑上必须刻着的诸多名字作为纪念碑的设计;再不需要更多的装饰设计了。这些人和他们的名字会使每个人做出回应并心生纪念。"[8]另一座非传统的公共纪念碑是林璎在1993年创作的《妇女桌》(The Women's Table)。这是一张放置在耶鲁大学城市校区中心的流水桌,用文字、石头和水纪念耶鲁大学在1969年开始录取女生之举。这座纪念碑坚实而不失优雅,不仅彰显了耶鲁校园中日益增长的女性数量,也从更广泛的意义上纪念了女性在现代社会中逐渐提升的地位。然而,尽管《妇女桌》用镌刻于桌面的事实和数字表达了明确的信息，但它与周围环境是协调的。尽管它对公共区域构成了一种强势的介入，但它对所处空间产生的影响，与理查德·塞拉（Richard Serra）创作于1981年、引起争议的《倾斜的弧》（*Tilted Arc*）完全不同。林氏的耶鲁项目就像她的越战纪念碑一样，与环境以及公共纪念碑的意义和功能间建立了一种不同寻常的关系，而不是像塞拉那样与公共空间形成激烈对抗。我并不是要用这种比较来区分"女性化"和"男性化"的公共纪念碑风格，只是要回到这一部分的主题，并指出，现在与19世纪一样，虽然她们所处的环境完全不同，但这两个时代的女性可能都已经拥有——并且希望构建——一种与男性同行相比截然不同的公共空间体验及与之相关的纪念碑体验。

接下来我将简要谈及在多种不同媒介中妇女作品的主导地位，这些媒介不是传统意义上的绘画或雕塑。最重要的是探讨女艺术家在打破各种媒介和艺术类型之间的壁垒，探索新的研究和表达模式中的作用。可以说，这些女艺术家都发明了新媒介，或者借用评论家乔治·贝克（George Baker）一句十分贴切的话，（她们)"占据了各媒介之间的空间"。[9]这份名单包括安·汉密尔顿(Ann Hamilton)这样的装置艺术家,她让墙壁流泪,让地板长出头发;还有摄影师萨姆·泰勒-伍德(Sam Taylor-Wood),她使用放大过后和/或修改过后的照片,制作"电影般的照片或类似视频的电影"。[10]这份创新者名单还包括像凯莉·梅·威姆斯(Carrie Mae Weems)这样的摄影创新者、皮皮洛蒂·瑞斯特(Pipilotti Rist)和西林·内莎(Shirin Neshat)这样的视频及电影创新者、珍妮·安东尼(Janine Antoni)这样的行为艺术家,或者像卡拉·沃克(Kara Walker)那样,兼具独创性和争议性,将旧做法重新利用的回收者,她创造了与众不同的后现代剪影。

最后,虽然只能稍做暗示,但我仍想指出新兴女性作品对男性艺术家作品的影响,这种影响无论是有意识还是无意识的。近年来,对身体的强调,对阳具支配的拒绝,对性心理的探索,对完美、自我表达、固定不变和专横的排斥,无疑在某种程度上与女性的所作所为有直接或间接的关系。最开始是杜尚,没错。但在我看来,今天许多最为激进、最为有趣的男性艺术家的作品，都以某种方式感受到了女性艺术家所带来的性别偏移、身体意识等思想浪潮的冲击，无论她们是否是公开的女性主义者。威廉·肯特里奇（William Kentridge）的电影中那持续变换的形式、身份的流动性、个人和政治的融合，在我看来，如果没有女性主义或女性艺术作为先驱，是不可想象的。倘若没有20世纪70年代、80年代和90年代那些由女性新思想所带来的、关于艺术之利害关系与意义的巨大影响及改变，那些男性行为艺术家和录像艺术家、"悲惨艺术家"（abjectifier）或装饰艺术家还会和现在一样吗？

在过去的30年里，女性艺术家、女性艺术史家和女性评论家做出了巨大的贡献。作为一个群体，我们共同努力，改变了我们这个领域的话语和创作方式。对女性艺术家和为她们写文章的人来说，形势与1971年已完全不同了。在学术界，性别研究蓬勃发展，博物馆和艺术画廊中涉及性别问题的重要代表作品也在不断涌现。各种各样的女性艺术家被讨论、被关注，并获得成功，这其中也包括有色人种的女性艺术家。

然而，我们依然还有很长的路要走。我认为，批判性的实践始终且必须是我们事业的中心。1988年,在《女性,艺术与权力》(*Women, Art and Power*)的序言中我写道:

> 批判一直是我事业的核心,直到今天也如此。我不认为女性主义艺术史是一种处理该领域的"建设性"方法,这种方法仅仅将一些具有代表性的女性画家和雕塑家的名单简单粗暴地添加到正典之中,尽管这种对失落的创作和创作方式的恢复有其历史层面的有效性,并且……可以作为对学科范围的传统表述提出质疑的一部分。甚至在讨论个别艺术家时,比如弗洛林·斯特海姆(Florine Stettheimer)、贝尔特·莫里索或罗莎·博纳尔,也不仅仅是为了证明她们作品的价值……更重要的是,通过解读它们,而且经常会得出格格不入的答案,来对整个艺术史系统提出质疑,因为这个系统总是设法"使它们安守本分";换句话说,是要揭示那些排斥某一类艺术作品而重视另一类艺术作品的结构和运作方式。

> 意识形态在所有这些正典标准的形成过程中一直作为一种驱动力来发挥作用,也因此一直是我写

卡拉·沃克
消失：出现在年轻黑人女性的两腿之间和她的心上的一首内战时期的历史的抒情诗（*Gone: An Historical Romance of a Civil War as it Occurred b'tween the Dusky Thighs of One Young Negress and Her Heart*） 1994

墙上剪纸，安装尺寸可变
约 396 厘米 ×1524 厘米

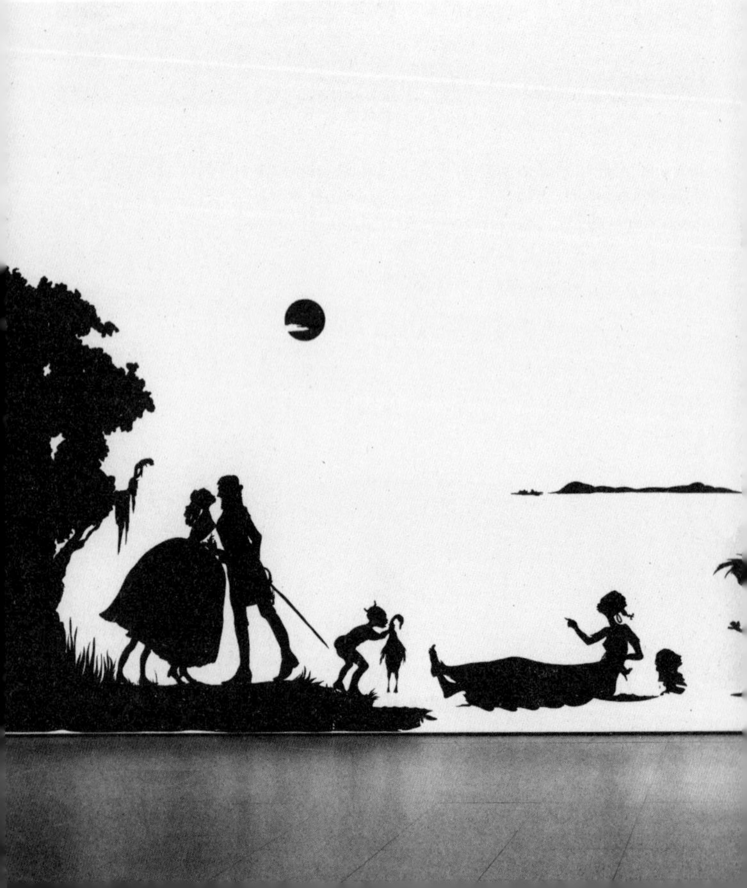

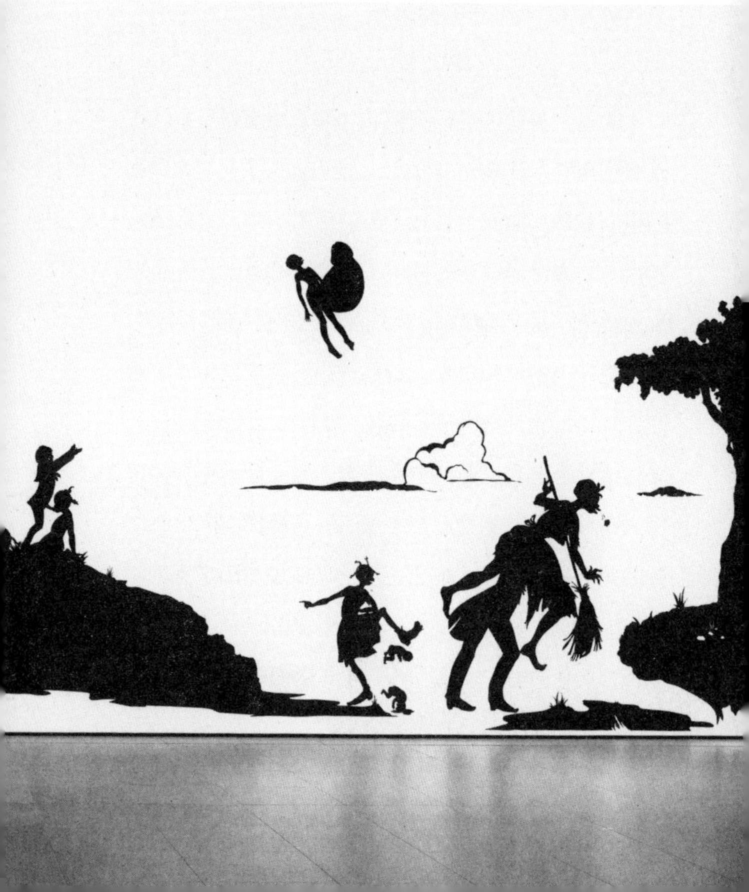

作批评时重点关注的对象，因为在某种意义上，这种分析"使不可见成为可见"。阿尔都塞（Althusser）关于意识形态的研究是这项任务的基础，但我从来不是一个始终如一的阿尔都塞主义者。相反，我更加关注的是其他阐述意识形态在视觉艺术中所起作用的方式。

或者，换句话说，在我1970年开始写作《为什么没有伟大的女艺术家？》时，还没有女性主义艺术史这回事。就像所有其他形式的历史话语一样，它必须被建构——必须寻找新的材料，建立理论基础，逐步发展方法论。从那时候起，女性主义艺术史和艺术批评，以及更晚近的性别研究，已经成为这个学科中一个重要的分支。也许更为重要的是，女性主义批评（当然，类似的批评还包括殖民主义研究、酷儿理论和非裔美国人研究等）已经进入了主流话语：虽然实际上它的确经常仅流于表面，但它已经出现在最杰出学者的研究中，作为一种新的、更有理论基础的、社会和精神分析语境化的历史实践所必不可少的组成部分。

也许这听起来像是女性主义被妥善安置在最保守的知识学科之一的怀抱中,但事实远非如此。对于视觉艺术中那些更为激进的女性主义批评,仍然存在着阻力,其实践者被指控为忽视品质问题、摧毁学科正典、缺乏艺术品固有的视觉维度、把艺术简化为它创作的环境——换句话说,破坏了这个学科意识形态层面以及更重要的美学层面的偏见。这一切都是好事。女性主义艺术史的存在就是为了制造麻烦、提出质疑、挑战父权体系。它不应该被误认为只是主流艺术史的另一种变体或补充。女性主义艺术史最强有力之处在于,它是一种越轨和反建制的实践,并致力于对该学科的许多主要规则提出质疑。

我想以这一颇有争议的观点作结尾:处在特定父权价值观卷土重来的时代,妇女必须坚定地拒绝长期以来她们作为男性的受害者或仅仅是支持者的角色。在冲突和紧张时期,这种价值观总是会死灰复燃。现在,是时候重新考虑我们立场的基础,并为未来的战斗而强化这些基础了。作为一个女性主义者,我担心这一刻会公然回归到最露骨的父权制形式,对于所谓真正的男人来说,这是一个伟大的时刻,宣告他们对"他者"——女性、同性恋、有艺术天赋和艺术感受力的人——的"邪恶"统治这一难以抑制之物的回归。我们在《纽约时报》(*New York Times*)上看到,在《亟待负重:男子气概的回归》(*Heavy Lifting Required:the Return of Manly men*)标题下写着,"最关键的词是男人。强壮、英勇、有男子气概的男人",却忘了"恐怖分子"同样是在父权制旗帜下活动的(当然,这更为明目张胆)。它接着写道:我们需要父亲形象——自然,忘记英勇的女性吧。那些遇害的空姐,她们是坚强、独立的女英雄,抑或只是"受害者"这个父权制最青睐的女性角色?尽管这篇文章的女作者承认,"对恐怖主义的部分理解……通常涉及何谓男子气概的根源";"男子气概的阴暗面随着劫机者,以及奥萨马·本·拉登(Osama bin Laden)本人的生活信息曝光得到了充分展示,揭示了社会现状。在这个社会里男子气概等同于暴力征服,而女性则被无情地阻止参与生活的几乎每一个方面"。作者又引用格洛丽亚·斯泰纳姆(Gloria Steinem)的话,声称"暴力社会的共同主线是性别角色的两极分化"。《纽约时报》对"男子气概的回归"这一标题感到非常不安,因此在文章下面附加了另一篇文章《不用担心:真男人也可以哭》(*Not to worry:Real Men Can Cry*),但这篇文章的言下之意依旧清晰而响亮。[11]真正的男人是好人,剩下的都是懦夫和哀嚎者——这就叫"**女性气质**"。

最近在《纽约客》上发表的一篇关于即将离任的MoMA(现代艺术博物馆)策展人柯克·瓦内多(Kirk Varnedoe)的小传,以一种类似但更明确指向艺术界的方式,呼吁有男子气概的男性立即回归艺术界。瓦内多被描述为"英俊、活力四射、智慧出众、辩才无双"[12]的男人。他将自己打造成为一名橄榄球运动员。在威廉姆斯学院——那里的艺术史系因培养了一批美国博物馆馆长而声名大盛——他发现,他那些杰出的老师如 S. 莱恩·菲森(S Lane Faison)、惠特尼·斯托塔德(Whitney Stoddard)和威廉·皮尔逊(William Pierson)所做的"首先是将女性气质的祸根从艺术史上去除"[13]。斯托塔德参加了所有的冰球比赛,冬天还踩着滑雪板去上课——他绝对称得上是一位反女性化的艺术史家。在美术学院,"很多女学生爱上了他。其中一位女生写了一封情书替代试卷上交给他"[14]。

当然,出于对男性主导艺术世界的支持,这种描述难免夸大其词。但这并不十分罕见。每当我看到一群全部是男性的专家人士"对"一群多半是女性的观众发言时,我就意识到,要实现真正的平等,还有很长的路要走。但我认为,对于女性主义和女性在艺术界的地位来说,这是一个关键时刻。现在,我们比以往任何时候都更需要认识到我们的成就,而且还要认识到未来的危险和困难。我们将需要付出全部的智慧和勇气来确保女性的声音被听到,她们的工作被看到和记录。这就是我们未来的任务。

注释

为什么没有伟大的女艺术家?

1 Kate Milltt's (1970) *Sexual Politics*, Garden City, NY: Doubleday & Co, Inc., and Mary Ellmann's (1968), *Thinking about Women*, New York, NY: Harcourt Brace Jovanovich, Inc., provide notable exceptions.

2 《女艺术家》(1858)书评"在艺术作品中死去的女人",作者恩斯特·古尔(Ernst Guhl),登载于《威斯敏斯特评论》(美国版)[*The Westminster Review (American Edition)*]IXX,7月,第90—104页。我很感激伊莱恩·肖沃尔特(Elaine Showalter)提醒我关注这个评论。

3 例如皮特·S.沃奇(Peter S Walch)关于安杰里卡·考夫曼的杰出研究,或者他未发表的博士论文《安吉里卡·考夫曼》(1968)普林斯顿;关于阿尔特米西亚·真蒂莱斯基的主题,见R.瓦德·比赛尔(R Ward Bissell)(1968)的《真蒂莱斯基——一部新的资料翔实的编年史》,载于《艺术公报》(*Art Bulletin*)6月,第153—168页。

4 Ellmann, *Thinking about Women*.

5 John Stuart Mill (1966), "The Subjection of Women" (1869), in *Three Essays by John Stuart Mill*, London:Oxford University Press, p. 441.

6 关于相对晚近的对艺术家作为审美体验纽带的强调,见MH.阿布拉姆(MH Abrams)(1953)的《镜与灯:浪漫主义理论与批判传统》(*The Mirror and the Lamp: Romantic Theory and the Critical Tradition*)纽约:诺顿出版社,以及莫里斯·施诺德(Maurice Z Shroder)(1961)的《伊卡诺斯:艺术家在法国大革命中的形象》(*Icarus: The Image of the Artist in French Romanticism*),麻省:哈佛大学出版社。

7 对比给女性看的类似的灰姑娘故事很能说明问题:灰姑娘凭借一种消极的、"性对象"的属性——小脚——获得了更高的地位,而神童总是通过积极的技能来证明自己。想要更全面地了解关于艺术家神话的研究,请参阅恩斯特·克里斯(Ernst Kris)和奥托·库尔兹(Otto Kurz)(1934)的《艺术家的传奇》(*Die Legende vom Künstler: Ein geschichtlicher*

Versuch),维也纳:克里斯托·维拉格出版。

8 Nikolaus Pevsner (1940), *Academies of Art, Past and Present*, Cambridge: Cambridge University Press, p.96f.

9 当代的研究方向,如大地艺术、观念艺术、作为信息的艺术等研究的确偏离了对个人天才的强调和推广。在艺术史领域,哈里森.C (Harrison C) 和辛西娅 A. 怀特 (Cynthia A White) (1960) 的《画布与事业:法国绘画界的体制变迁》(*Canvases and Careers: Institutional Change in the French Painting World*),纽约:约翰·威利父子公司出版社,开辟了一个富有成效的新研究方向,尼古拉·佩夫斯纳颇具探索性的著作《美术学院的历史》亦是如此。恩斯特·贡布里希 (Ernst Gombrich) 和彼埃尔·弗兰卡斯特 (Pierre Francastel) 用他们各自不同的方法,始终倾向于把艺术和艺术家看作整体情境的一部分,而不是高高在上的孤立个体。

10 女模特进入写生课在柏林始于1875年,在斯特哥尔摩是1839年,在那不勒斯是1870年,在伦敦的皇家学院则是在1875年以后 [佩夫斯纳,《美术学院》(Academies of Art),第231页]。直至1866年,甚至可能更晚,女性模特在宾夕法尼亚美术学院还须戴着面具隐藏身份——托马斯·伊肯斯的素描就是证据。

11 Pevsner, *Academies of Art*, p. 231.

12 White, *Canvases and Careers*, p. 51.

13 White, *Canvases and Careers*, Table 5.

14 Sarah Stickney Ellis (1844), *The Daughters of England: Their Position in Society, Character, and Responsibilities*(1842), *in The Family Monitor*, New York: HG Langley, p. 35.

15 Ellis, *The Family Monitor*, pp. 38-39.

16 Patricia Thomson (1956), *The Victorian Heroine: A Changing Ideal*, London:Oxford University Press, p.77.

17 White, *Canvases and Careers*, p.91.

18 Anna Klumpke (1908), *Rosa Bonheur:sa vie son oeuvre*, Paris: E Flammarion,p.311.

19 Betty Friedan (1963), *The*

Feminine Mystique, New York: WW Norton, p. 158.

20 Klumpke, *Rosa Bonheur*, p. 166.

21 就像直至今天的许多地区一样，在那个时候有禁止穿异性服装的法律。

22 Klumpke, *Rosa Bonheur*, pp. 308-1.

23 Klumpke, *Rosa Bonheur*, pp. 310-1.

24 Cited in Elizabeth Fisher (1970), "The Woman as Artist. Louise Nevelson," *Apbra*, I, Spring, p. 32.

"为什么没有伟大的女艺术家？"30年以后

1 *ARTnews* 68, March 1969- February 1970.

2 *ARTnews* 69, March 1970-February 1971.

3 Vivian Gornick and Barbara Moran, ed.(1971), *Women in Sexist Society*, New York, NY: Balk Books.

4 *ARTnews* 69, January 1971.

5 Louis Menand (2001), *New Yorker*, October 15, p. 203.

6 Menand (2001), *New Yorker*, October 15, p.210.

7 Alex Potts (1999), "Louise Bourgeois-Sculptural Confrontations," *Oxford Art Journal*, 22, no. 2, p. 37.

8 *New York Review of Books*, November 20, 2000, p.33.

9 *Artforum*, November 2001, p. 143.

10 *Artforum*, November 2001, p. 143.

11 *New York Times*, October 28, 2001, section 4, p. 5.

12 *New Yorker*, November 5, 2001, p.72.

13 New Yorker, November 5, 2001, p.76.

14 New Yorker, November 5, 2001, p.78.

延伸阅读

琳达·诺克林著

D'Souza, Aruna ed., *Making It Modern:A Linda Nochlin Reader*, New York:Thames & Hudson, forthcoming

Harris, Ann Sutherland, and Linda Nochlin, *Women Artists*, 1550-1950, Los Angeles: Los Angeles County Museum of Art, 1976

Nochlin, Linda, and Tamar Garb, eds., *Jew in the Text: Modernity and the Construction of Identity*, London: Thames & Hudson, 1995

Nochlin, Linda, *Representing Women*, New York: Thames & Hudson, 1999

Nochlin, Linda, *Women, Art, and Powerand Other Essays*, Boulder, Colorado:Westview, 1988

Reilly, Maura, and Linda Nochlin, eds.,*Global Feminisms: New Directions in Contemporary Art*, London: Merrell, 2007

Reilly, Maura ed., *Women Artists: The Linda Nochlin Reader*, London: Thames & Hudson, 2015

关于琳达·诺克林

D'Souza, Aruna, ed., *Self and History:A Tribute to Linda Nochlin*, London:Thames & Hudson, 2001

Garb, Tamar and Ewa Lajer-Burcharth, 'Remembering Linda Nochlin', *The Art Bulletin*, 99, no.4 (2 October 2017),7-9

Nixon, Mignon, 'Women, Art, and Power After Linda Nochlin', *October,* 163 (March 2018), 131-32

近年的女性主义艺术史相关出版物

Armstrong, Carol M., and M. Catherine de Zegher, eds, *Women Artists at the Millennium*, Cambridge, Mass: MIT Press, 2006

Butler, Cornelia H., and Lisa Gabrielle Mark, eds., WACK!: *Art and the Feminist Revolution*, Los Angeles:

Museum of Contemporary Art, 2007

Horne, Victoria, and Lara Perry, eds., *Feminism and Art History Now: Radical Critiques of Theory and Practice*, London: I. B. Tauris, 2019

Jones, Amelia, ed., *The Feminism and Visual Culture Reader*, London ; New York: Routledge, 2nd edition. 2010

Jones, Amelia, and Erin Silver, eds., *Otherwise: Imagining Queer Feminist Art Histories*, Manchester: Manchester University Press, 2016

Meskimmon, Marsha, Transnational *Feminisms, Transversal Politics and Art: Entanglements and Intersections*, London; New York: Routledge, 2020

Meskimmon, Marsha, and Dorothy Rowe, eds., *Women, the Arts and Globalization: Eccentric Experience*, Manchester: Manchester University Press, 2015

Morris, Catherine, ed., *We Wanted a Revolution: Black Radical Women, 1965-85: New Perspectives*, New York:

Brooklyn Museum, 2018

Parker, Rozsika, and Griselda Pollock, *Old Mistresses: Women, Art and Ideology*, London: I.B.Tauris, 1981, 2nd edition, 2013

Pejic, Bojana, ed., Gender Check: a Reader: *Art and Gender in Eastern Europe since the 1960s*, Köln; London: Walther Konig, 2011

Pollock, Griselda, *Encounters in the Virtual Feminist Museum: Time, Space and the Archive*, London; New York: Routledge, 2007

Pollock, Griselda, ed., *Generations and Geographies in the Visual Arts: Feminist Readings*, London; New York: Routledge, 1996

Reckitt, Helena, ed., A*rt and Feminism*, London; New York: Phaidon, 2001, 2nd edition, 2012

Robinson, Hilary, and Maria Elena Buszek, eds., *A Companion to Feminist Art*, Hoboken, New Jersey: Wiley Blackwell, 2019

图版说明

图片来源

Frontispiece Metropolitan Museum of Art, New York. Mr. and Mrs. Isaac D.Fletcher Collection, Bequest of Isaac D.Fletcher, 1917

8 Galleria degli Uffizi, Florence

20 Metropolitan Museum of Art,New York. Bequest of Mrs.Charles Wrightsman, 2019

25 Galleria degli Uffizi, Florence

29 Metropolitan Museum of Art, New York. Bequest of Mrs.Charles Wrightsman, 2019

45, 46-7 Royal Collection Trust, London

49, 50-1 Philadelphia Museum of Art. Gift of Charles Bregler, 1977

59, 60-1 Tate, London

62 Musée des Beaux-Arts, Marseille

64, 66-7 Musée Marmottan, Paris

77, 78-9 Metropolitan Museum of Art,New York. Gift of Cornelius Vanderbilt,1887

88 Art Gallery of Ontario, Toronto. Courtesy Pippy Houldsworth Gallery,London. © Mary Klly 2021

91 Photo © Werner Kaligofsky. ©Rachel Whiteread

92 Literaturhaus München. Photo © Kay Blaschke

95 Yale University, New Haven. Photo Norman McGrath. Courtesy Pace Gallery. © Maya Lin Studio

97, 98-9 Museum of Modern Art,New York/Scala, Florence. Courtesy of Sikkema Jenkins & Co., New York.© Kara Walker